Mentiras
que creemos
sobre
DIOS

Mentiras que creemos sobre DIOS

WM. PAUL YOUNG

ATRIA ESPAÑOL

NUEVA YORK LONDRES TORONTO SÍDNEY NUEVA DELHI

A Scott Closner, mi mejor amigo. Fuiste el primer hombre en mi vida en decirme que, sin importar lo que hiciera, nunca te irías. ¡Gracias!

A Tim, mi hermano. Has vivido una vida de preguntas, la mayoría no dichas, pero sobre las cosas que importan. ¡Tú importas! ¡Te amo!

ATRIA
ESPAÑOL

Atria Español
Un sello de Simon & Schuster, Inc.
1230 Avenida de las Américas
Nueva York, NY 10020

Primera edición en rústica de Atria Español mayo 2018

ATRIA ESPAÑOL y su colofón son sellos editoriales de Simon & Schuster, Inc.

Para obtener información respecto a descuentos especiales en ventas al por mayor, diríjase a Simon & Schuster Special Sales al 1-866-506-1949 o al siguiente correo electrónico: business@simonandschuster.com.

La Oficina de Oradores (Speakers Bureau) de Simon & Schuster puede presentar autores en cualquiera de sus eventos en vivo. Para obtener más información o para hacer una reservación para un evento, llame al Speakers Bureau de Simon & Schuster, 1-866-248-3049 o visite nuestra página web en www.simonspeakers.com.

Impreso en los Estados Unidos de América

10 9 8 7 6 5 4 3 2 1

Un registro de catálogo para este libro está disponible en la Biblioteca del Congreso.

ISBN 978-1-5011-9501-3
ISBN 978-1-5011-9502-0 (ebook)

ÍNDICE

PRÓLOGO

La mayoría de los cristianos tiene un profundo deseo de ser fiel a las Escrituras, como la mayoría de los biblistas. No obstante, lo que constituye la fidelidad y cómo lograrla es otra cuestión. Hace varios meses leí un libro titulado *Cuatro visiones del infierno*. En él, cuatro biblistas, decididos a ser fieles a las Sagradas Escrituras, presentaron cuatro puntos de vista diferentes y ciertamente opuestos acerca de las enseñanzas bíblicas sobre el infierno. Estos autores creían que estaban presentando la sabiduría verdadera de las Escrituras. No dudo de la integridad de los autores, pero las diferencias de la interpretación ponen en evidencia que hay algo más que simplemente «leer la Biblia». Frecuentemente la pregunta más profunda, y la más ignorada, es cómo leer la Biblia. ¿Qué significa leer la Biblia correctamente? ¿Cuál es el criterio para decidirlo?

Algunos de mis amigos se burlan de este tipo de preguntas. «Baxter —exclaman—, está allí en perfecto inglés. Cualquier persona honesta puede comprender lo que dice».

No obstante, todos metemos nuestros prejuicios familiares, nuestras historias personales y nuestros hábitos de pensamiento al leer las Escrituras. Así como no somos capaces de distinguir nuestros propios acentos, no podemos ver nuestras propias creencias, las cuales definen lo que observamos y cómo lo vemos. Esto aplica también a lo que «vemos» en las *sencillas* enseñanzas de la Biblia. Por ello, es importante hacernos preguntas sobre la forma como leemos la Biblia.

El nuevo libro de N. T. Wright, *El día que la revolución comenzó*, aborda este tema. Wright establece con mucho cuidado lo que cree que es el mayor cuadro bíblico, lo que muchos llaman la *metanarrativa* de la historia de la Biblia, que guía nuestra interpretación de los detalles. Su gran cuadro bíblico lo lleva a cuestionar seriamente doctrinas consideradas por mucho tiempo «llanas y obvias» por nosotros en el protestantismo. Se puede estar o no de acuerdo con Wright, pero su libro nos coloca en un lugar donde (queramos o no) podemos escuchar nuestros acentos y al menos notar nuestros prejuicios, los cuales tienen un profundo impacto en lo que consideramos «obvio».

Mi querido amigo Paul se aventuró más allá de sus maravillosas y sorprendentes novelas de ficción y aquí ofrece un libro más directo sobre lo que él piensa: *Mentiras que creemos sobre Dios*. Éste es un gran libro, pero, como *Cuatro visiones del infierno* y *El día que la revolución comenzó*, tiene también un marco bien definido de presupuestos. ¿Cómo determina Paul lo que es mentira y lo que es verdad? Puedo asegurarte que habrá pasajes donde más de uno levantará su mano y pensará: «¿Perdió la cabeza?». Cuando nuestra comprensión sobre el conjunto de la historia de la Biblia difiere, también lo hacen nuestras creencias sobre los detalles, y «vemos» las cosas de forma diferente.

Entonces, ¿cuál es la base de Paul Young? ¿Cuáles son sus creencias centrales? ¿Cómo ve la Biblia en su conjunto y, en consecuencia, cómo moldea su visión de cierto modo y determina qué es verdad y, por tanto, cuáles son las mentiras que deben ser cuestionadas? Si me permites un párrafo o dos, te llevaré tras bambalinas y te presentaré estas creencias tan clara y honestamente como me es posible. En esto, Paul y yo somos hermanos que caminan juntos y lo que creemos informa el modo en que pensamos acerca de una amplia variedad de asuntos bíblicos y humanos.

Paul y yo estamos de acuerdo en que el Nuevo Testamento manifiesta la gozosa convicción de que Jesucristo es el Señor Dios en persona. Entregó Su vida por el perdón de los pecados y para vencer a los poderes de la muerte que esclavizan a la humanidad, y, como ser encarnado, Él se levantó victorioso de la muerte. Los Evangelios y las cartas que forman parte del Nuevo Testamento son intentos por explorar y expresar el significado de la presencia de Jesús y de la muerte. Los apóstoles, Juan y Pablo en particular, se dieron cuenta de las sorprendentes implicaciones de la verdadera identidad de Jesús como Hijo de Dios, encarnado, crucificado, resucitado y ascendido a los cielos. El apóstol Pablo concibió a Jesús como Aquel que está con el Padre antes de la Creación y Aquel a través de cuya humanidad se crea y otorga el regalo de la gracia (Segunda Carta a Timoteo 1:9), así como Aquel a través del cual el Padre nos elige y predestina a la adopción antes de la fundación del mundo (Carta a los Efesios 1:4-5). El apóstol Pablo vio a Jesús como Aquel en quien, a través de quien, por medio de quien y por quien todo ha sido creado en los cielos y en la tierra; Aquel que existía antes de todas las cosas, y Aquel por quien todo se sostiene y se mantiene unido (Carta a los Colosenses 1:16-17).

Para Paul Young y para mí, tales pensamientos son maravillosos y dignos de la más seria reflexión. Pablo el apóstol piensa en Jesús junto con el Padre antes de la Creación, y lo ve como el centro del plan divino del cosmos entero. De hecho, proclama que Jesús se encarnó, murió, resucitó y ascendió a los cielos como la suma de todas las cosas en los cielos y en la tierra (Efesios 1:10). Éstas son ideas radicales y serias para la mayoría del mundo antiguo y moderno.

El gran apóstol Juan coincide con la visión maravillosa de Pablo y piensa en Jesús como la Palabra eterna de Dios, cara a cara con el Padre antes de la Creación, y en Aquel por quien todo fue creado. Juan es enfático: «Todas las cosas fueron hechas por Él, y sin Él nada de lo que ha sido hecho fue hecho» (Juan 1: 1-3). Piénsalo. Para los apóstoles Juan y Pablo, y sospecho que también para otros, no hay nada en ningún lugar ni en ningún tiempo que no se haya originado en Jesucristo y que no esté constantemente, momento a momento, sostenido por Él. Éste es el núcleo de las creencias sobre Jesús que formó la mente apostólica, informando y reformando su visión de Dios, de la humanidad y la Creación, con el Jesús crucificado y resucitado en el centro de todo. Jesús mismo declara: «*Yo soy* la luz del cosmos; el que me siga nunca caminará en la oscuridad, sino que experimentará la luz de la vida» (Juan 8:12).

Aunque aquí ya hay material suficiente para comprender el marco básico de Young, por favor permíteme añadir un poco de historia. Conforme las noticias de este Jesús —el crucificado y resucitado Hijo del Creador— se difundieron por todo el Mediterráneo y más allá, éstas chocaron con las culturas existentes y con las formas de ver el mundo, con los prejuicios anquilosados y con los hábitos de pensamiento. La identidad de Jesucristo como el Hijo de Dios, ungido por el Espíritu Santo, *crucificado y resucitado*, simplemente no tenía sentido para la gente, y las implicaciones de Su existencia impactaron con el *statu quo* en todos lados. Las noticias de Jesús ponían de cabeza el mundo, y creaban una conmoción universal dentro del pensamiento humano. Se desataron explosivos debates e incluso guerras. Muchos creyentes fueron quemados vivos y crucificados como mártires.

¿Quién es realmente Jesús? ¿Qué significa su existencia? Ha habido muchas respuestas. ¿Cómo puede la visión apostólica de Jesucristo no incomodar al imperio, ya sea que éste fuera externo y sistémico (religioso y político), o bien interno y personal? La tentación de domesticar al Jesús de los apóstoles siempre ha estado presente y ha sido conveniente. En el año 325 d.C., obispos de la Iglesia local se reunieron en Nicea (actualmente Turquía) para emitir las declaraciones definitivas sobre

Jesús. El flamante y popular presbítero Arriano expuso que Jesús no era Dios, no realmente Dios, sino la primera y más alta de las creaciones de Dios, a través de la cual todas las otras cosas fueron creadas. El obispo Alejandro y otros se opusieron a las enseñanzas de los apóstoles sobre que Jesús era Dios encarnado. Finalmente, el debate fue «resuelto» cuando el concilio estuvo de acuerdo en que Jesús era «consustancial al Padre» (*homoousios to Patri*) y que, por tanto, Jesús era totalmente divino, encarnado, Hijo eterno del Padre y Creador de todas las cosas en el cielo y en la tierra. Existía ese misterio, esta proclamación culturalmente inconcebible, de que Jesús era Dios encarnado (confirmada por los concilios de Constantinopla y Calcedonia), lo cual fue proclamado como la verdad central de todas las verdades de la fe cristiana.

Las implicaciones de esta confesión son alucinantes. Si Jesús es uno con Dios y uno con nosotros, entonces su identidad totalmente divina y totalmente humana habla acerca de la relación entre Dios y la humanidad, así como de todo lo que existe en el universo. ¿Fue esta unión de lo divino y lo humano simplemente el plan B de Jesús, un ajuste de último momento, improvisado e implementado después de la «sorpresa» de la debacle de Adán, o estamos delante del plan A, el original y único plan divino? ¿Qué tan seriamente debemos tomar esta unidad absoluta entre Jesús y su Padre, y su unidad absoluta con nosotros como pecadores? ¿No estamos aquí, en relación con Jesús mismo, delante de la más grande noticia del universo? ¿Hay algo que la unión entre la vida divina de Dios y la vida humana de Jesús no englobe? ¿Hay algo malo (desde la perspectiva de una Iglesia apostólica temprana) en cuestionarnos sobre las implicaciones de la existencia de Jesús? ¿No es la unión de Jesús y Su Padre la luz que nos informa? ¿No es la luz de vida? ¿O es sólo uno entre muchos otros viables esquemas al pensar en la naturaleza de Dios, en lo que significa ser humano, en por qué Jesús murió en la cruz, en lo que llamamos justicia social y en nuestra «aldea global»?

Atanasio, acompañado por el obispo Alejandro en el concilio de Nicea, y otros más tarde, como Gregorio Nacianceno e Hilario de Poitiers, pasaron sus vidas defendiendo las confesiones del concilio sobre la identidad de Jesús. Desde mi perspectiva, trabajar sobre las implicaciones de la identidad de Jesús como Hijo eterno de Dios unido a la humanidad en nuestro pecado es la tarea de la verdadera teología cristiana. Aquí encontramos la metanarrativa desde la eternidad que informa y reforma nuestra visión de Dios, de la humanidad y de la Creación. Por ejemplo, ¿qué podemos formular sobre el hecho de que este Jesús —el eterno Hijo del Padre, ungido en el Espíritu Santo, Creador y Sostenedor de todas las cosas encarnadas— fue crucificado, murió, fue sepultado, y al tercer día resucitó de entre los muertos y ascendió con el Padre en el Espíritu? ¿Debemos vernos a nosotros mismos, a nuestros enemigos, a la raza humana en su conjunto y a la Creación misma indiferentes ante un evento humano-divino de tal dimensión? El apóstol Pablo proclama que, cuando Jesús murió, algo nos sucedió a nosotros y a la Creación. Cuando

Jesús murió, nosotros morimos también, toda la Creación murió (Segunda Carta a los Corintios 5:14). Y el apóstol Pablo ve también que, cuando Jesús resucitó, todos (muertos en el pecado) resucitamos con Él a la vida, y ascendimos con Él a la derecha del Padre en comunión con el Espíritu Santo (Efesios 2:4-6). Tales nociones no son simples notas al calce en las enseñanzas más importantes de Pablo. Son fundamentales para la visión apostólica. Tan sorprendente visión de Jesús por supuesto tiene implicaciones para el cosmos y para la raza humana, así como para la forma en la que comprendemos a Dios. Una vez más, ¿es la vida, muerte y resurrección de Jesús un simple plan B? ¿O no es Jesús, como Hijo del Padre y el Elegido, Creador y Sostenedor de todas las cosas —por tanto, todos nosotros en Él—, la luz que ilumina la oscuridad de nuestras mentes y la verdad que desenmascara las mentiras?

Después de años de lucha con las enseñanzas de los apóstoles y con los escritos de los líderes de la primera Iglesia, puedo presentarte mi tesis. No es perfecta, pero es honesta, y creo que te ayudará a comprender de dónde viene Paul Young. Aquí la tienes:

Hablar de Jesucristo con los apóstoles y con los líderes de la Iglesia primitiva es decir: «Hijo eterno del Padre»; es decir: «Ungido por el Espíritu Santo», y es decir: «Creador y Dador de vida, encarnado, crucificado, resucitado y ascendido con el Padre». Por tanto, hablar de Jesús significa que el Dios Trino, el género humano y toda la Creación no están separados, sino unidos en relación. Jesús es la relación; Él es la unión entre el Dios Trino y el género humano. En Él, el cielo y la tierra, la vida de la Trinidad bendita y la vida de la humanidad rota se unen. Jesús es nuestra nueva creación, nuestra adopción, nuestra inclusión en la vida divina, la nueva alianza entre Dios y la humanidad, el reino del Dios Trino en la tierra.

Puedes observar en mi tesis por qué Paul y yo vemos como una mentira fundamental la difundida noción de que los seres humanos estamos separados de Dios, una mentira que niega la propia identidad de Jesús. Ambos estamos firmemente comprometidos en reflexionar y comunicar las implicaciones de la identidad de Jesús en todas las formas posibles. Las «mentiras» que este libro plantea se perciben como falsedades a través de la lente sobre la identidad de Jesús y lo que Su identidad nos revela sobre Dios, sobre nosotros mismos, sobre la Creación, sobre nuestro destino y sobre nuestro futuro. Cuando leo este retador y liberador libro, puedo ver la visión de Paul sobre Jesús y escucharlo decir: «Por tanto, Dios no diría esto o no haría aquello. Así pues, esto es una mentira o una mala interpretación». Puedes no estar de acuerdo con sus conclusiones, y no estoy seguro de que yo mismo coincida con todo lo que dice Paul, pero conozco sus intenciones. Él pertenece a la corriente de la confesión histórica cristiana sobre la identidad de Jesús y pretende trabajar con las implicaciones diarias de la propia existencia de Jesús como Hijo eterno del Padre en Su unión encarnada con el género humano en su oscuridad. Además, él mantiene la visión evangélica cristológica de los apóstoles. ¿No es eso el centro de lo que significa ser fiel a Jesucristo? Estoy orgulloso de estar con él en esta misión.

Seguramente hay mucho más que decir, y eso es lo que hace Paul en este libro. Conforme leas, observa cómo trabaja la mente de Paul. Cuando él identifique una mentira, pregúntate qué hay sobre Jesús que llevó a Paul a pensar que eso es falso. Obsérvalo pensar y razonar sus creencias sobre Jesús. ¡Quién sabe, puedes incluso descubrir que comete un error cristológico!

Lo que yo sé es esto: si quieres darle a Paul una oportunidad, encontrarás que la libertad y el gozo elevan tu corazón. No es fácil cuestionarte, pero ésa es la forma en la que los apóstoles nos dicen que nos liberamos por la verdad.

DOCTOR C. BAXTER KRUGER
autor de *El regreso a la cabaña* y *Conversaciones con San Juan*

INTRODUCCIÓN

La génesis de este libro fue una serie de *tweets* que escribí, llamada: «Palabras que *nunca* escucharás decir a Dios». Tengo una lista de aproximadamente 125 de esas pequeñas declaraciones, como:

+ Llevo un registro de todas tus ofensas.
+ Tú eres el hijo que nunca quise.
+ Te dejaré que mantengas tus más hermosas mentiras.
+ Sobrevaloraste a Jesús.
+ Te necesito.

Entiendes el concepto. Cuando vemos el aspecto negativo (lo que Dios *no* diría), podemos apreciar el aspecto positivo desde una perspectiva diferente. El ejercicio es frecuentemente duro, ya que pone en tela de juicio nuestros paradigmas y nuestras suposiciones, pero eso sería sólo un resultado momentáneo. Potencialmente, es un ejercicio iluminador y útil. Al observar algo que Dios *no* diría, estamos mejor capacitados para examinar ideas que hemos asumido como verdaderas, que frecuentemente presentan mentiras que nos decimos sobre Dios.

En el primer capítulo de mi novela *Eva*, uno de los personajes hace una declaración que se ha vuelto cada vez más significativa para los lectores: «Elige tu pregunta cuidadosamente. Una buena pregunta vale más que mil respuestas».

El mundo en el que crecí no daba gran valor a las preguntas. En el mejor de los casos, las preguntas eran señal de ignorancia; en el peor, eran consideradas una evidencia de rebelión. Cualquiera que estuviera en desacuerdo con nuestra teología, ciencia, incluso con una simple opinión, era un enemigo o un blanco. Lo que importaba eran las certezas.

Conforme he envejecido —con gracia, o eso espero—, mi vida se ha enfocado más en estar abierto a «mil respuestas» que en tener la razón. Me ha tomado mucho tiempo convertirme en un buen oyente, uno que no esté sólo listo para defenderse o hacer declaraciones, sino uno que permita una conversación que constituya un reto o tal vez incluso que permita cambiar las formas habituales de ver las cosas.

En mis años de juventud me presentaba a mí mismo como una persona inteligente y racional. Esta imagen me permitía esconderme detrás de mis ideas, tratando de evitar el desorden de mi vida real, así como las relaciones auténticas. Usaba a este personaje como un mecanismo de defensa y como una barrera para mantener a las personas a distancia. Pensaba que las engañaba, pero resultó que yo era listo y creativo, lo que me dio el poder de distanciarme, aislarme y dañar a otros por medio de mis palabras. Podías respetarme por mi argumentación persuasiva, pero seguramente no te habría gustado como persona.

Afortunadamente cambié mucho. La morada interior de mi alma fue abrumadora y dolorosamente demolida, y mi corazón roto se sometió a una ardua reconstrucción. Sin embargo, como ocurre con todos, aún hay mucho trabajo de «afinación» por hacer en mi corazón y en mi mente.

Fui criado dentro de la tradición occidental evangélica protestante. No hay tal cosa como el linaje puro; lo hermoso y lo edificante están mezclados con lo feo y lo negativo. Medias verdades, incluso mentiras, se abrieron camino hacia nuestros corazones. Como moho que infecta una obra de arte, esta invisible oscuridad tuvo que ser removida cuidadosamente a fin de no dañar el original.

Este libro no es la presentación de certezas. Ninguna de las evaluaciones sobre las «mentiras» resulta una visión final o absoluta sobre el tema. Más bien, son esbozos de conversaciones más amplias. Cada capítulo se refiere a declaraciones que yo creí alguna vez y sobre las que he cambiado de opinión. Puedes identificarte con algunas y no con otras. Puedes estar de acuerdo o no con mis conclusiones. Algunas de estas ideas pueden confrontarte profundamente, mientras que otras pueden parecer inocentes y simples. Ésa es la maravilla y la originalidad de nuestros viajes y la belleza del diálogo y de la relación.

Si hay un hombre en las Escrituras con quien me identifico en especial, es seguramente el hombre que nació ciego. Mi viaje ha sido un aprendizaje sobre cómo ver, en algunas ocasiones, por vez primera, y en otras, sobre cómo ver con mayor claridad. A pesar de haber estudiado ampliamente, no tengo la profundidad de muchos teólogos que han elaborado textos e ideas específicas. Estoy agradecido por su trabajo; los leo y los escucho como regalos.

Lo que estás a punto de leer te dirá mucho sobre mí como persona. Estos arreglos a mi teología no han llegado de forma fácil, pero me han impactado para bien. Gracias a este movimiento interior, soy un mejor esposo, padre, hijo, amigo y ser humano. Si mis palabras no traen claridad, espero que mi vida lo haga. Éstos son tiempos donde la única confesión que puedo hacer, usando las palabras de mi personaje favorito, es: «estaba ciego, pero ahora puedo ver».

Te pediré que les permitas a las palabras de este libro ser tanto amigas como adversarias: lo primero porque no quiero que nada de lo que sea precioso para ti ahora sea menos precioso cuando termines de leerlo, lo segundo porque todos necesitamos cuestionar nuestras suposiciones y paradigmas. Nuestras prescripciones deben ser puestas a prueba a fin de que también podamos tener ojos para ver y oídos para escuchar. En los escritos de teólogos, filósofos, psicólogos y científicos, he encontrado amigos y adversarios; soy mejor por haber escuchado y aceptado su contribución para cultivar el terreno de mi corazón y mi mente, para echar raíces, plantar semillas y después regar esas semillas, e incluso para llevar algunas hasta la cosecha. No siempre es un proceso «divertido», pero vale la pena el trabajo.

En última instancia, estamos juntos en esto. Tu salud es mi salud. Tu pérdida es mi pérdida. Muchas veces elegimos creer en una mentira antes que permitir que una verdad invada la seguridad de nuestros prejuicios y de nuestra fortaleza autoprotectora. El diálogo no debería ser un ejercicio de dominación o certezas; más bien, es el respeto debido a la relación. Todos necesitamos nuevas formas de ver. Yo sé que es así.

De nuevo, este libro está constituido por una serie de ensayos que exploran conceptos interconectados que propongo como mentiras —en las que creí alguna vez, que siguen afectando a muchos de nosotros—. Mi amigo teólogo, el doctor C. Baxter Kruger, autor de *El regreso a la cabaña*, *Conversaciones con San Juan*, *A través de todos los mundos*, *Jesús y la destrucción de Adán*, *La gran danza*, entre otros, ha escrito un prólogo que resume los fundamentos de lo que propongo como Verdad. En él, Baxter enmarca bellamente todo este libro.

Para algunos, los conceptos en este libro serán nuevos y transformadores, incómodos en ocasiones. Calma. El Espíritu Santo es tu verdadero maestro; Dios, en quien puedes confiar y quien te conoce completamente, una guía segura hacia la Verdad que es Jesús.

Una vez más, no ofrezco las siguientes páginas como respuestas completas o finales. Mientras más envejezco, más consciente soy de lo que no comprendo. Ofrezco estos ensayos como ideas y preguntas para ponderar, con la esperanza de que tus ojos internos sean tocados y que veamos más claramente la bondad y el incesante amor de Dios, y para abrazar completamente a quienes somos en el interior.

1

Dios nos ama,
pero no le agradamos

Mediados de invierno en la septentrional Alberta, Canadá. Con la temperatura bajo cero, era uno de esos días tan fríos que los pelitos de tu nariz se sienten como si fueran pequeñas agujas que llenan tus fosas nasales y cada exhalación se convierte en un banco de niebla. Nací no lejos de esa ciudad, en las praderas más al norte.

«Al menos es frío seco», dice alguien, lo cual es cierto, pero no por ello es confortante.

Entramos en un edificio y me quito las capas de protección; las cambio por el calor de este centro de detención. Estamos visitando una cárcel femenina. La mujer que pidió que viniera a hablar dijo que docenas de copias de *La cabaña* están circulando y tienen un gran impacto. El gobierno les ha dado a estas reclusas un receso, una invitación a pensar acerca de sus vidas y sus elecciones, algo que la gente fuera de estas paredes casi no tiene oportunidad de hacer. Estas mujeres están hoy aquí para pasar una hora conmigo, por su propia voluntad. Su presencia es un regalo.

Quien tenga ojos para ver encontrará grandes maravillas debajo de esos rudos aspectos y en esos corazones endurecidos. La mayoría de las mujeres están aquí a causa de una relación que salió mal; sus traiciones y pérdidas son visibles en su desafiante bravuconería o en su mal escondida vergüenza. Aquí me siento casi como en casa, entre los quemados y los heridos. Ésta es mi gente, nuestra gente.

No recuerdo de qué hablé. Probablemente fue acerca de las prisiones de mi propia vida, lugares que se tornaron preciosos para mí porque eran todo lo que conocía. Sobre cómo nos aferramos a la certeza de nuestro dolor en lugar de correr el riesgo de confiar de nuevo. En la sala, algunas almas profundamente heridas comenzaron a sollozar. Bruce Cockburn, el poeta y músico canadiense, los llamaría los «susurros de la gloria». Monedas perdidas, ovejas perdidas, hijos perdidos, pero no cualquier moneda, no cualquier oveja, no cualquier hijo. Éstos son *mis* hijos, *mis* ovejas, *mis* monedas.

Termino mi plática y sólo algunas se van. Otras esperan a que les firme el libro. Abrazo a todas, aunque estoy seguro de que es una violación de todas las reglas. Pero llevo rato rompiendo tantos códigos y nunca nadie interfiere con estos encuentros sagrados. Una mujer espera de pie, su cuerpo está tenso por la emoción. Cuando la tomo entre mis brazos es como si desencadenara una carga que reventara un dique. Solloza incontrolablemente por unos minutos. Le susurro que está bien, que tengo otras camisas, que estoy sosteniéndola, y que está bien. No puedo comprender toda la miseria y la humanidad que se desbordan a través de este pequeño toque, pero es real, visceral y desgarrador.

Finalmente, deja de sollozar y encuentra unas palabras.

«¿Realmente crees que Papá es afecto a mí?», susurra entre sollozos.

> «¿REALMENTE CREES QUE PAPÁ ES AFECTO A MÍ?», SUSURRA ENTRE SOLLOZOS.

Y allí está la pregunta. Este tierno ser humano me confía esta monumental pregunta. Incluso aquellos que no creen que Dios existe están desesperados por saber que el Amor sabe quiénes somos. Más aún, estamos impulsados desde nuestro interior para arriesgarnos a preguntarle a alguien o a Alguien: «¿encuentras algo en mí que sea digno de amor, que sea suficiente, que valga la pena ser amado?».

Hay una escena en *La cabaña* en la que el personaje principal, Mackenzie, ve cuestionadas sus creencias. Mack está frente a frente con Sofía, la Sabiduría de Dios, y ella le pregunta acerca del amor que siente por sus hijos. En específico, ella le pregunta a cuál de sus cinco hijos ama más.

Cualquier padre moderadamente sano te dirá que esta pregunta es imposible de responder. Mi esposa Kim y yo tenemos seis hijos. Cuando nació el mayor no podíamos imaginar tener la capacidad para amar a otro hijo. El primero había acaparado todo. Pero luego llegó el segundo, y de pronto surgió esta nueva profundidad de amor que, o no existía, o había estado dormida antes de su llegada. Es como si cada hijo trajera consigo el regalo del amor que está depositado en el corazón de los padres.

En la subcultura religiosa en la que me criaron, todos sabíamos que Dios es amor. Lo decíamos y lo cantábamos todo el tiempo, hasta que dejó de importar. Era simplemente el modo de ser de Dios. Es como el nieto que dice: «Pero ustedes tienen que amarme. Son mis abuelos».

Pero decir «Dios es amor» no captura nuestra pregunta, ¿o sí? Por ello, me he acostumbrado a sustituir la frase «Dios te ama» y, en lugar de referirme a Dios, aludo al objeto del incesante amor de Dios: nosotros; así que, a lo largo de *La cabaña*, Papá dirá: «Yo soy especialmente afecto a él o a ella». Hay un mundo de diferencia entre decir: «Yo te amo», lo cual es acerca de mí, y decir: «Yo soy especialmente afecto a ti», porque se trata de ti. Ambas son correctas, pero la última de algún modo penetra en la inquietud de nuestra alma que dice: «Sí, yo sé que me amas, pero ¿me conoces y te gusto? Tú amas porque ésa es tu forma de ser, pero ¿hay algo en *mí* que sea digno de ser amado? ¿Me "ves" y te gusta lo que "ves"?».

«¿Realmente crees que Papá es afecto a mí?», susurra entre sollozos.

La abrazo fuerte. «Sí», le susurro, mientras ambos nos fundimos en un torrente de lágrimas. «¡Papá es *especialmente* afecto a ti!».

Minutos después, ella recupera su apariencia de control emocional y me mira a la cara por primera vez.

«Eso es todo lo que necesitaba saber. Eso es todo lo que necesitaba saber».

Con otro abrazo, sale y me deja pensando: «¡Querida, eso es lo que todos necesitamos saber!».

2

DIOS ES BUENO. YO NO

Ésta es una *gran* mentira! ¡Y es devastadora! ¿Por qué entonces es tan difundida?

Muchos de nosotros creemos que Dios nos ve como fracasos, como unos desgraciados y degenerados por completo. Hemos escrito canciones para reforzar estas creencias, poniendo letras a nuestra fealdad y separación. Pensamos: «Cuando me odio a mí mismo, ¿no estoy simplemente de acuerdo con Dios?».

Si nos tomamos el tiempo para escuchar las historias de otros, descubriremos que la mayoría de nosotros tenemos algo en común: la vergüenza es la pieza central de nuestra autoevaluación. Pero no llegamos allí solos, algunos de nosotros hemos escuchado un constante bombardeo que refuerza esta mentira:

- ✛ No vales.
- ✛ Eres estúpido.
- ✛ No eres valioso.

✛ Eres sólo un tonto.

✛ Te odio.

✛ ¿Por qué tu no...?

✛ Has hecho mi vida miserable.

✛ Eres basura.

✛ Eres un desperdicio.

Transformamos, entonces, estos mensajes en autodeclaraciones: «Yo no...», seguidas por la letanía de nuestros fracasos como seres humanos: «Yo no soy suficientemente listo, o delgado, o alto, o de tal color; no soy un niño, no soy fuerte, no soy...»; nos olvidamos de que cada «Yo no soy» comienza con un «Yo soy»: «Yo soy valioso; yo soy inteligente; yo soy amado; yo soy...». Pero hemos puesto a ese «Yo soy» en nuestra contra, y lo completamos con otra lista de vergüenzas: «Yo soy... un perdedor, un solitario, malo, feo, gordo, tonto, sin valor».

¿Es así como Dios me ve? ¿Es así como Dios *te ve*? ¿Está Dios de acuerdo con la forma en la que me veo a mí mismo y con lo que otros han dicho sobre quién soy en el centro de mi ser?

Crecer con mi padre fue muchas veces aterrador. Estar cerca de él era como caminar por un campo minado, con explosivos que cambiaban de posición cada noche mientras yo dormía. No era todo malo: había momentos de bondad, intentos de ser un padre amoroso, pero éstos eran desconcertantes en sí mismos. Se sentían como una invitación a bajar la guardia. No estoy emitiendo juicios sobre mi padre: su *chip* para ser un padre fue aplastado por su propio padre mucho antes de que yo apareciera. Pero, cuando cambiaba de humor, cuando pasaba de ser un padre ausente a uno furiosamente presente, sentía como si me desgarraran y me lanzaran al viento.

Mi padre era un misionero. Él era un hombre recto que nunca se equivocaba, y era de una estricta disciplina.

Yo creía que merecía su rabia, desde luego, porque no había nada bueno en mí. Yo era castigado justamente, incluso si no tenía la más mínima idea de si el pecado que había cometido era por omisión o por comisión. Trataba de defenderme, a veces mintiendo, pero cuando eso no funcionaba, recurría a dos palabras, las cuales gritaba una y otra vez mientras su rabia se descargaba sobre mí: «¡Seré bueno! ¡Seré bueno! ¡Seré bueno!».

Con los años comprendí que con cada grito de «¡Seré bueno!» estaba declarando en el centro de mi ser algo que me tomó décadas remover. Una simple y brutal declaración:

Soy malo.

Apenas hace unos días asistí a una hermosa reunión de gente joven, estudiantes de preparatoria que me habían invitado a ser parte de su «semana de énfasis espiritual» en su escuela. Abrieron con una canción con la que estoy familiarizado. Gran parte de la letra es verdad, pero comienza con una enorme mentira: «[Dios] Tú eres bueno, y no hay nada bueno en mí».

La verdad es que tenemos valor inherente porque estamos hechos a imagen de Dios. Nuestro valor y nuestro mérito no dependen de nosotros, pero aquellos de nosotros que estemos desesperadamente heridos y rotos podemos creer que, si no hay nada bueno en nosotros, no hay esperanza de una transformación real. Creemos que lo mejor que podemos hacer es imponernos algún tipo de disciplina, como forma de cubrir nuestra vergüenza a través de una apariencia y una actuación. Ni todo el discurso positivo transformará una roca en un ave del paraíso. Muchos de nosotros aprendimos a fingirlo hasta que terminamos completamente exhaustos por tratar de mantener en pie todas esas mentiras. Inevitablemente, los venenos de nuestro interior comienzan a filtrarse de formas que no podemos controlar. O simplemente nos rendimos y representamos el papel que ya hemos decidido sobre nosotros mismos.

Si creo que la verdad más profunda sobre mí mismo es que no valgo, ¿por qué te sorprende cuando actúo como alguien que no vale? ¿No estoy siendo al menos honesto? Sí, lo sería si esa fuera la verdad de quién soy, pero no es la verdad.

¿Puede originarse algo «no bueno» en Dios?

¡No!

¿Somos portadores de la imagen, hechos a imagen de Dios?

¡Sí que lo somos!

Dios, que es sólo bien, crea sólo bien (¡muy bien!). Por ello, Jesús le preguntó al joven rico: «¿Por qué me llamas bueno? Sólo hay Uno que es Bueno y ése es Dios» (Mateo 19:17). No es que Jesús esté diciendo: «No hay nada bueno en mí», sino que está preguntando: «¿Ves a Dios en mí, pequeño hermano? ¿Por eso me llamas bueno, o se trata de una actuación?». Si lees el resto de la historia, verás que se trata de una actuación.

DIOS, QUE ES SÓLO BIEN, CREA SÓLO BIEN.

¿Qué pensarías si vieras que un padre está riñendo a su hijo o hija con estas palabras: «La verdad es que no hay nada bueno en ti. Estás enfermo, retorcido, total y completamente degenerado. Siempre has sido y siempre serás indigno. ¡Que Dios se apiade de tu alma!»? Tristemente, hay quien piensa que esto es el «Evangelio» y, peor aún, es difundido por personas con poder desde los púlpitos.

Sí, tenemos la visión deteriorada, pero no en el fondo. Somos sinceros y justos, pero frecuentemente ignorantes y estúpidos; actuamos desde el dolor de nuestra ofuscación, lastimándonos a nosotros mismos, a los demás e incluso a toda la Creación. Ciegos, no degenerados, ésa es nuestra condición. Recuerda: Dios no puede volverse algo perverso o inherentemente malo..., y Dios se hizo hombre.

Nuestros hijos siempre tienen una identidad esencial que está unida a nosotros, su madre y su padre..., por siempre. Tienen el potencial de tomar decisiones desastrosas, incluso de lastimarse a ellos mismos o a otros, pero su núcleo natural es una expresión de nosotros. Es lo que ellos son. Nuestra identidad no existe independientemente; lo mismo sucede con nuestra bondad. Yo soy fundamentalmente bueno porque fui creado «en Cristo» como una expresión de Dios; soy un portador de su imagen, *imago Dei* (véase Efesios 2:10). Esta identidad y bondad es más verdadera respecto de nosotros que cualquier daño que hayamos hecho a otros o a nosotros mismos.

Dios no tiene una visión pobre de la humanidad porque sabe la verdad sobre nosotros. A Dios no lo engañamos con todas las mentiras que decimos sobre nosotros mismos y a los demás. Jesús es la verdad de lo que nosotros somos —totalmente humano, totalmente vivo—. Más allá de todo el dolor, de todos los pedazos y trozos hay una creación «muy buena», y nosotros fuimos creados a imagen y semejanza de Dios, pero nos hemos vuelto ciegos en la fraudulenta oscuridad en la que creemos. Es tiempo de rechazar estas devastadoras mentiras en lugar de rendirnos a ellas; es tiempo de «¡desenterrar el hacha de guerra!».

3

DIOS ESTÁ A CARGO

Estaba sentado en el *lobby* de un hotel en Orlando, Florida, conversando con mi amiga K, de Alemania. Su amigo, un joven atleta de nivel mundial, había quedado recientemente paralítico, como resultado de una acrobacia que había salido terriblemente mal. K estaba desesperada. Se secó las lágrimas y dijo: «Me cuesta creer que esto sea parte de un maravilloso plan de Dios».

¡A mí también! ¿En realidad creemos que honramos a Dios declarándolo el autor de todo este desastre en nombre de la Soberanía y el Control Omnipotente? Muchas personas religiosas —y los cristianos están entre ellos— creen en un determinismo macabro, que es un fatalismo con personalidad. Lo que tenga que suceder sucederá. Sucedió. Y como Dios está a cargo, debe ser parte del plan de Dios.

Hay un abismo insalvable (excepto tal vez en nuestra más negra imaginación) entre que Dios se adueñe de la Creación junto con el caos que hemos producido y que sea el autor del

mal en sí mismo. En el primero debes confiar; en el segundo...,
lo mejor es hacerle una trompetilla.

Sin duda, los humanos somos fanáticos del control: queremos dominar todo y a todos a nuestro alrededor para que
no sucedan las cosas que tememos. Sabemos dentro de nosotros que el control es un mito, que una célula terrorista o la
decisión de otra persona puede cambiar instantáneamente el
rumbo de nuestras vidas, pero seguimos defendiendo (e incluso
exigiendo) esa idea, de modo que, como nosotros no podemos
tener el control, queremos que Dios lo tenga.

¿Qué tan frecuentemente hemos oído las bien intencionadas palabras «debe de ser la voluntad de Dios»? ¿En serio?
¿No sería más útil pensar que muchas cosas simplemente están
mal? No hay justificación para muchas de las cosas que han
llegado a nuestra vida, que nos han hecho, y en las que hemos
participado nosotros mismos. ¡Está *mal*! ¡Mal, mal, mal, mal,
mal, *mal*!

Sí, Dios tiene la audacia creativa para dar un propósito
al mal que creamos, pero eso nunca justificará el mal. Nada,
ni siquiera la salvación del cosmos entero podría justificar el
terrible aparato de tortura llamado «cruz». Ese Dios sometería
nuestra oscuridad y transformaría esta máquina oscura en un
ícono y monumento de gracia, lo que habla claro y fuerte sobre
la naturaleza de Dios, pero ello no justifica el mal.

¿Tiene Dios un plan maravilloso para nuestras vidas? ¿Dios
se sienta y traza un programa perfecto para ti y para mí en
una mesa cósmica de proyectos, un plan perfecto que necesita

una respuesta perfecta? ¿Dios reacciona a nuestra estupidez o sordera o ceguera o inhabilidad, ya que constantemente violamos la perfección a través de nuestras propias presunciones? ¿Qué tal si esto se trata, más bien, de un Dios que tiene un respeto mucho mayor por ti que por el «plan»? ¿Qué tal si no hay un «plan» para tu vida, sino, más bien, una relación en la que Dios constantemente nos invita a cocrear, aceptando respetuosamente las elecciones que nosotros presentamos? ¿Y qué tal si este Dios, que es amor, nunca estuviera satisfecho hasta que el amor permanezca en nosotros?

> ¿QUÉ TAL SI NO HAY UN «PLAN» PARA TU VIDA, SINO, MÁS BIEN, UNA RELACIÓN EN LA QUE DIOS CONSTANTEMENTE NOS INVITA A COCREAR?

Un día estaba trabajando en un proyecto con mi nieto G, de cuatro años —aunque *proyecto* puede ser un término demasiado generoso—. Tratábamos de armar un librero, de esos que compras en una caja, y nos esforzábamos por descifrar las instrucciones, que parecían escritas por personas que no hablaban español. G y yo montamos casi la mitad del librero antes de descubrir que yo había armado el primer tercio al revés y que tendría que desmontarlo y comenzar de nuevo. G había sido paciente y participativo durante todo el proceso, pero cuando vio mi cara supo que algo andaba mal.

—Abuelo, ¿estás bien? —preguntó.

—Sí, pero... —y comencé a explicarle por qué estaba desarmando parte del trabajo—. Me siento... —hice una pausa para buscar la palabra correcta—. Me siento...

—¿Exasperado? —sugirió, todo serio y compasivo.

Me reí.

—Gracias, G. Justo ésa era la palabra que estaba buscando, *exasperado*.

¿Cómo es que conoce esa palabra un niño de cuatro años y sabe usarla correctamente?

Si yo sentí esas emociones ante un inconveniente menor —un recordatorio más de que tengo poco control sobre el mundo—, me parece que Dios debe vivir en un estado constante de exasperación.

Mi amigo alemán Martin Schleske, un laudero de violines de clase mundial, lo plantea de esta forma: «Las Escrituras me muestran que Dios tiene el corazón de un artista, no de un sombrío dibujante de planos de construcción. Si el mundo fuera un trabajo de ingeniería cósmica, estaría en un estado constante de insatisfacción. Todos sufriríamos por el fastidio del terco diseñador cuyos planes nunca funcionan tal como él pretende o espera. La realidad nunca podría cumplir con sus planes de construcción sin sentido. Pero un verdadero Creador sabe que él no sólo tiene que dar forma, sino también aprobar y permitir. La Sabiduría permite cosas como crecer y desarrollarse».

La soberanía de Dios no es sobre el control determinista. Entonces, ¿cómo reina Dios? Siendo quien es: amor y relación.

Kim y yo podíamos ser los soberanos de nuestro hogar, pero una vez que nació nuestro primer hijo, el sentido de control salió por la ventana. Si alguien estaba a cargo, era este nuevo bebé. Dictaba todo —cuándo dormíamos, cuándo nos despertábamos, nuestro estado de ánimo y qué tan seguido podíamos visitar a nuestros amigos—. Tres kilos de humanidad redujeron a un hombre a una masa llorona, lista para renunciar a los placeres habituales y que dábamos por hecho, como dormir, a fin de atenderlo. Nos enloqueció, y en ocasiones era increíblemente difícil, pero lo amábamos, tanto que lo hicimos de nuevo otras cinco veces.

El amor y la relación triunfan sobre el control siempre. El amor forzado no es amor.

No creo que la palabra *control*, en el sentido de poder determinista, sea parte del vocabulario de Dios. Nosotros inventamos la idea como parte de nuestra necesidad de dominar y mantener el mito de la certeza. No hay sentido de control en la relación entre Padre, Hijo y Espíritu Santo. Cuando Dios decidió crear a los humanos —un orden superior capaz de decir «no»—, lo hizo dentro del mismo amor y relación que siempre han existido. El control no se origina en Dios, pero la sumisión sí. La dominación no encuentra su fuente en Dios, pero el darse a sí mismo y a los demás sí. Tal como las decisiones de nuestros hijos afectan nuestra relación con ellos, también nuestras elecciones inciden en la relación con Dios. Más que controlar, Dios cede y se une a nosotros en el desastre que resulta de la relación, para participar en la cocreación de la posibilidad de vida, incluso ante la muerte.

4

DIOS NO SE SOMETE

Estaba sentado con mi amigo Andrew en una conferencia, escuchando un excelente coloquio entre cristianos y musulmanes, israelíes y palestinos. Ya te imaginas la idea: personas que casi por obligación deben ser antagonistas entre ellas. Pero esta reunión en particular era diferente porque el enfoque estaba en cómo el espíritu de Jesús podía cruzar todos los límites —étnicos, raciales, políticos, etc.— y llamarnos a algo más grande y más extraordinario que nuestras divisiones y disputas.

Hay un llamado común en el Nuevo Testamento, en las Escrituras hebreas, en el Corán, en el Bhagavad Gita, en las Analectas de Confucio, etc., que muchos reconocemos como una Regla de Oro. Está presente en todas las Escrituras y en la literatura de sabiduría. Jesús la formuló de esta forma: «En todo lo que hagas, trata a la gente como quieres que te trate» (Mateo 7:12).

Me acerqué a Andrew y le susurré: «¿Crees que la Regla de Oro aplique también para Dios?».

Fue una simple pregunta, pero con profundas implicaciones. ¿Dios trata a otros de la forma como Dios quiere ser tratado? Si Dios comunica esta misma verdad a través de tantos mensajeros, primero debe aplicarse a Dios mismo. Pero pensamos frecuentemente que Dios da mandamientos como si fueran pruebas arbitrarias para nosotros, los humanos, en lugar de expresiones de la propia naturaleza de Dios. Y si Su naturaleza es amor, entonces la nuestra también, porque hemos sido creados a imagen suya. Cualquier mandamiento para amar nos llama a encarnar la verdad más profunda de nuestro ser: el amor.

La Regla de Oro es inmensamente significativa porque es la forma de ser de Dios. Él me trata exactamente de la forma como quiere ser tratado. No tengo que ganarme el amor de Dios o amarlo primero a él. Y otras personas no tienen que ganarse mi amor o amarme en primer lugar. Yo amo porque he sido amado primero (véase Primera Carta del apóstol san Juan 4:19). La forma en la que sé cómo amar a otros es preguntándome cómo me gustaría que me disciplinaran o que me señalaran los límites en mi vida, o cómo me gustaría que cuidaran de mis hijos, o cómo ser perdonado y motivado.

Un aspecto central e inherente a este amor centrado en el otro es la danza dinámica de la mutua sumisión. Es como se vive y se experimenta la vida real, y se origina en el mismo ser de Dios. La *sumisión* puede ser una hermosa palabra de relación o una terrible palabra de poder y control. Dios es relacional y, por tanto, se somete, porque la naturaleza de Dios se centra en el otro y en la amorosa entrega personal. Uno de los muchos hermosos aspectos de la Trinidad es que la sumisión ha estado desde el inicio del Dios Trino, persona-a-persona-a-persona, frente-a-frente-a-frente. La suya es una danza divina de mutualidad en la que ninguna de las Personas es disminuida o absorbida. En la verdadera sumisión el Otro es visto y respetado.

La idea de que Dios es sumiso puede ser difícil para algunos, y para muchos puede incluso sonar disparatada, como si estuviéramos rebajando a nuestro Santo Dios al nivel de los seres humanos. Pero, ¿cuántas veces en mi vida Dios me ha susurrado: «Deja esto en mis manos porque tú haces muchas elecciones tontas. Creo que sería mejor si yo me hago cargo»? Ninguna, ¿cierto? No obstante, muchas veces preferiría que Dios tomara las decisiones por mí; Dios no acepta. En cambio, se somete a las decisiones que tomo, se adhiere a ellas, y comienza a construir algo vivo, útil y bueno, incluso a partir de lo peor de mis más ignorantes errores garrafales, incluso a raíz de mis evidentes elecciones de lastimar y dañar. El amor no me protege de las consecuencias de mis elecciones, pero tampoco me abandona en ellas. Ni la presencia de Dios en medio de nuestra estupidez las justifica. Dios es lo opuesto de todo aquello que no sea del tipo del Amor, pero Dios siempre está «a favor» de nosotros en medio del desastre.

¿Y si la sumisión —no en el sentido del tapete de entrada de la falsa humildad, sino del compromiso respetuoso y sustancial entre las personas— fuera la fuente del verdadero poder y de la autoridad? ¿Qué es la encarnación —Dios hecho totalmente hombre—, sino la completa y última sumisión hacia nosotros? ¿Qué hay de la cruz, donde Dios se somete a nuestro enojo, rabia y cólera? ¿Quién más que Dios tomaría una toalla en una habitación llena de ego masculino y de propósitos escondidos, y se inclinaría delante de cada uno de esos hombres, lavándoles sus apestosos pies, quitando con cuidado el polvo del día para revelar la belleza de lo que fue creado para caminar en la Tierra Santa?

> DIOS ES LO OPUESTO DE TODO AQUELLO QUE NO SEA DEL TIPO DEL AMOR, PERO DIOS SIEMPRE ESTÁ «A FAVOR» DE NOSOTROS EN MEDIO DEL DESASTRE.

Conozco a un hombre que diariamente, a cada hora, minuto a minuto, se somete a su esposa. Se somete a su fragilidad y enfermedad sin sentirlo de forma alguna como una carga o una restricción. Ambos rondan los 80 años, pero él es físicamente más capaz, así que se somete a la lavandería, a preparar los alimentos, a lavar los platos, a limpiar los pisos y los baños. Él se somete a la necesidad de ella de tener a alguien y ella se somete a sus cuidados. Esta danza de la sumisión ha sido aprendida a lo largo de toda una vida. Sólo cuando nos tropezamos en la integridad, nuestra capacidad y habilidad de someternos crece y finalmente se vuelve tan natural como debía haber sido siempre. Es una llamada desde el interior, auspiciada por el Espíritu Santo, hacia algo más grande y más valioso que el poder y el control. Es un llamado a ser verdaderamente humano.

Hace un año, en una conversación telefónica, este hombre que se somete me dijo que ama profundamente a la mujer con la que está casado, que ella le ha salvado la vida de muchas maneras, y que para él es un gran gozo servirle. Nunca en mi vida había escuchado palabras como las que dijo él, y fue casi tan sorprendente como revelador. Este hombre es mi padre, y la mujer a la que confiesa su amor es mi madre.

5

DIOS ES CRISTIANO

La cabaña no fue escrita para que el mundo la leyera. La pensé como un regalo de Navidad para nuestros hijos y la mayor parte de ella fue escrita a mano en hojas de bloc amarillo, mientras iba en el metro a uno de mis tres trabajos. Cuando la imprimí en una fotocopiadora de Office Depot y la encuaderné con espiral y micas de plástico, estaba emocionado. Entregarles esas copias a mi familia y a algunos amigos era todo lo que yo había querido o imaginado sobre ese libro. No pasó por mi mente la idea de publicarlo.

Escribí la novela a petición de mi esposa, Kim. Ella me pidió: «¿Algún día escribirás algo como un regalo a nuestros hijos donde plasmes lo que piensas? Porque, sabes, piensas de una forma no convencional». Ella se refería a la lucha de mi vida sobre los conflictos entre fe y religión, así como a mi trabajo tanto teológico como personal en busca de formas útiles de pensar sobre Dios y la humanidad. Después, cuando les di el regalo de Navidad, ella me dijo que cuatro de cada seis páginas la dejaban pensando. ¡Bien!

Obviamente el libro se ha vuelto mucho más grande de lo que originalmente pensé, sólo para una pequeña audiencia. Mientras escribo estas líneas, *La cabaña* ha vendido cerca de veinte millones de ejemplares. Para mí, toda esta aventura ha sido una cosa de Dios, pero no todo el mundo lo ve de este modo. En tanto que ese libro ofreció modos alternativos de pensar sobre Dios y la humanidad que han resonado intensamente en muchas personas, también ha cuestionado profundamente creencias y paradigmas bien arraigados. Ocasionalmente, personas valiosas discrepan con las imágenes y los conceptos. Comprendo sus preocupaciones sobre mi escrito e incluso estoy consciente de las muchas razones de esos recelos.

Está, por ejemplo, la infame página 196 (dependiendo de tu edición), que ha sido tema de acaloradas conversaciones en muchas ocasiones. Durante el curso de un intercambio de ideas con el personaje principal, Mackenzie, Jesús dice: «¿Quién ha hablado sobre ser cristiano? Yo no soy cristiano».

Permíteme que te dé algunos antecedentes sobre esta declaración. El término *cristiano* fue originalmente un insulto dirigido a los seguidores de Jesús, años después de su resurrección. Significaba básicamente «pequeños cristos», o «mini mesías», y pretendía denostar al heterogéneo grupo de miembros de «ese culto al estilo de Jesús». Puedes imaginar la letanía de acusaciones en contra de ellos por parte de personas que pensaban que eran peligrosos, tanto para el imperio como para la religión de la época.

¿Quiénes se creen que son? Viven su vida sin lealtades reales, ni hacia Roma, ni hacia la política, ni hacia Moisés; y desperdician su tiempo cuidando de los pobres, de los esclavos, de los prisioneros. Sus relaciones son más importantes para ustedes que su país o su cultura. Hablan sólo de poner la otra mejilla y de caminar ese kilómetro extra, ambas cosas poco prácticas para la vida, con un compromiso naíf centrado en el otro, de entrega amorosa. Seguramente no pagan el mal con mal, trabajan duro y dicen la verdad; pero no podemos contar con ustedes para mantener nuestro sistema funcionando. Son sólo un grupo de idealistas perdedores que viven con la ilusión de que la muerte puede ser vencida y de que el mundo puede ser cambiado con amor: pequeños cristos, es todo lo que son ustedes.

La idea de que Dios no es cristiano es algo desconcertante para aquellos de nosotros que asumimos, sutilmente si no de manera abierta, que nuestra religiosidad, definida como el «modo cristiano», es la mejor, y que otros deberían seguirla. Por favor, ponme atención: Dios no es musulmán, tampoco budista, o ateo, o animista, o de ninguna otra categoría creada por nosotros los humanos para confiscar a Dios y sus «bendiciones» a nuestro favor.

¿Por qué hacemos esto? ¿Por qué insistimos en crear formas que nos definen en contraposición con otros? ¿Por qué construimos imperios basados en estas divisiones, justificando nuestra superioridad o nuestra brutalidad? Actuamos como si nuestros imperios fueran aprobados y apoyados por Dios.

Las Escrituras dicen que todas las cosas fueron creadas en y por Jesús, y enfatizan que no hay nada que exista *fuera* de Jesús. Pero nuestras religiones asumen la separación —estar *fuera de*—, así que cuando oímos la palabra *cristiano*, pensamos en alguien que comenzó afuera, pero luego rezó una oración o hizo algo especial que lo llevó desde afuera hacia dentro. Sin embargo, como creador, redentor y sustentador de todas las cosas (y esto incluye a todo ser humano), Jesús reta toda categoría religiosa. Si tomamos en serio a Jesús, entonces no hay tal cosa como los de adentro y los de afuera: están los que ven y los que no ven, los que confían y los que no confían.

¿POR QUÉ INSISTIMOS EN CREAR FORMAS QUE NOS DEFINEN EN CONTRAPOSICIÓN CON OTROS?

¿Entonces Dios es cristiano? Si la pregunta es si Dios es separación y trata como extraños a las personas de diferente denominación, fe y formas de pensar hasta que recen una oración especial para «entrar»..., entonces, desde luego que no. Si te preguntas si Dios se relaciona con nosotros como amados miembros de adentro, completamente ignorantes y miserables, si Dios nos ama y encuentra incesantemente formas de llevarnos a descubrir a Jesús como el camino, la verdad y la vida..., entonces, desde luego que sí.

El Nuevo Testamento fue originalmente escrito en griego común, griego *koiné* (en su mayoría)... Adivina cuál es la palabra griega para *acusador*, como en la frase «Satán es un acusador» (véase Apocalipsis 12:10). Es *kategoro*, de donde deriva la palabra *categorizar*. Significa «poner algo o a alguien en un grupo para categorizarlos». Esto es algo que hacemos todo el tiempo, no siempre de forma inadecuada. Pero cuando esas categorizaciones conllevan un juicio de valor implícito, nos unimos al adversario de nuestra humanidad: a Satán. Entrar en acusaciones de división reduce, si no es que desintegra, la unidad de nuestra común humanidad, y nos volvemos carniceros del Cuerpo de Cristo.

Las categorías pueden resultar útiles para ayudarnos a comprender y navegar a través de este cosmos en el que habitamos, pero también son poderosamente divisorias y destructivas para las relaciones. Para un niño, es bueno aprender la diferencia entre *tú* y *yo*, padres y no padres, seguro y peligroso, pero las categorías creadas para establecer límites sanos muchas veces se convierten en muros que dan forma a prisiones tanto para los «otros», que se quedan fuera, como para «nosotros», que nos quedamos dentro.

Si todos viviéramos aislados en cavernas y fuéramos libres de crear todas las cajas que quisiéramos, estaría bien, no haría daño, no sería locura, pero la vida no es así. Vivimos en comunidad, y mientras muchos de nosotros batallemos contra un sentido de superioridad moral, cultural y religiosa, seguiremos con la tendencia a meter todo en apretadas cajas mentales y verbales.

Creer (confiar) es una actividad, no una categoría. La verdad es que cada ser humano se encuentra en algún punto de ese viaje entre creer y no creer; no obstante, perpetuamos las categorías de creyente y no creyente.

A menudo me preguntan si yo soy un cristiano. Mi respuesta habitual es: «¿Podrías decirme por favor qué piensas tú que es un cristiano? Entonces, yo te diré si soy uno de ellos». Si la descripción previa sobre «pequeños cristianos» es lo que la gente define hoy en día como cristiano, entonces de todo corazón lo aceptaría y abrazaría esa categorización; lo haría como miembro de todas las comunidades en lucha de seguidores de Jesús, sea en el primer siglo o en el siglo XXI. Es el más grande honor ser una expresión de Cristo y de su vida en el cosmos, ser un cristiano de ese tipo.

En *El misterio de Cristo... y por qué no lo entendemos*, Robert F. Capon escribe:

El cristianismo no es una religión. Cristianismo es la proclamación del fin de la religión, no una nueva religión, o la mejor religión de todas. Si la cruz significa algo, es el símbolo de que Dios se ha retirado del negocio de la religión y ha solucionado todos los problemas del mundo sin pedirle a ningún ser humano que haga ninguna cosa religiosa. En realidad, la cruz es signo de que la religión no puede hacer nada por los problemas del mundo, que nunca ha funcionado y que nunca lo hará.

El cristianismo no es «el camino». ¡Jesús es el Camino!

6

DIOS QUIERE USARME

Las palabras significan mucho para mí. Siempre ha sido así. A través de las palabras, ejercemos presencia, poder y fuerza creativa. Pero, a pesar de todo su hermoso potencial y su maravillosa capacidad de empoderar, las palabras también pueden mutilar y destruir, muchas veces demoler, en lugar de construir. Como nuestros ojos, nuestras palabras son ventanas del alma. Frecuentemente revelan más de lo que pensamos. Nuestras palabras hablan por nosotros.

Nunca he sido un hombre robusto. He perdido toda batalla física en la que me he metido, así que he aprendido a luchar de otras maneras: con las palabras. Escondiendo cuchillos en las palabras, podría herir a un hombre mucho más corpulento y reducirlo a pedazos sangrantes. Esas heridas muchas veces fueron infligidas de manera intencional, lastimando a la gente más profundamente de lo que puede hacer un puñetazo en el rostro.

Pero a veces permitimos que palabras tontas escurran de nuestros labios, palabras dichas sin pensar que usamos para proteger nuestras creencias más arraigadas. En algunos casos estas expresiones inconscientes resultan del uso más peligroso de las palabras.

Yo respeto las palabras. Con tres simples palabras, Dios creó la luz: «Dijo Dios: *hágase la luz*», y la luz se hizo (véase Génesis 1:3). El cosmos entero fue creado por «la Palabra» (Juan 1:3). También defiendo las palabras; custodio su santidad exponiendo las formas en las que se convierten en armas, en controladores o en falsos maestros. Las palabras construyen, pero de manera más sencilla desmantelan y destruyen.

Era mi primera vez en un crucero. Zarpamos de Miami y navegamos tres días hacia Cozumel, México, y de regreso. Kim no es muy aficionada al agua, en especial cuando la tierra no está a la vista, así que viajé con Scott, uno de mis mejores amigos. Era un viaje de trabajo. Había sido invitado para ser uno de los presentadores en un crucero musical, llenando los intervalos entre las presentaciones de las distintas bandas y artistas musicales. Scott y yo escuchamos gran cantidad de géneros, tuvimos aventuras en los puertos y disfrutamos muchas conversaciones a lo largo del viaje.

Un hombre joven en particular se hizo nuestro amigo. No es músico, sino un artista de *performance*: en el escenario crea pinturas al momento que son crudas y brillantes. Vino y me escuchó hablar; luego, Scott y yo fuimos a verlo en su presentación. Más tarde, en medio de una conversación privada, nuestro nuevo amigo nos dijo: «Yo simplemente quiero ser un instrumento de Dios».

Muchas personas bien intencionadas me han dicho: «Dios te usa para tocar tantas vidas». Entiendo el sentimiento y la bella intención del cumplido, pero las palabras en sí mismas revelan un malentendido sobre el carácter de Dios. Esa declaración tiene que ver más con un dios utilitario que con el Dios de la relación, el amor y el respeto, al que muchos de nosotros conocemos como Jesús.

El diccionario dice que una herramienta es un «objeto o implemento usado o trabajado de forma manual o mecánica para realizar una tarea…, algo que ayuda a alcanzar un fin».

Entonces, le pregunté a mi nuevo amigo artista:

—¿Podrías explicarme cómo funciona tu relación con tus herramientas? ¿Cómo es? ¿Les confías tus esperanzas y aspiraciones a tu lienzo o les dices tus secretos a tus pinceles? ¿Ellos te dan consejos o más bien te escuchan?

Me miró confundido.

—¿De qué estás hablando? —preguntó—. No tengo una relación con mis herramientas.

—¡Exactamente!

Para hacer más evidente el punto, le expliqué que, para las personas que provienen de una historia de abuso sexual, la última cosa que quieren en el mundo es ser «usados» por alguien, incluso por Dios.

SI DIOS NOS USA, ENTONCES NO SOMOS MÁS QUE OBJETOS O ARTÍCULOS PARA ÉL. INCLUSO EN NUESTRAS RELACIONES HUMANAS SABEMOS QUE ESTÁ MAL.

Dios es un ser relacional; ése es Dios. El lenguaje de Dios es sobre asociación, cocreación y participación; es sobre una invitación para danzar, jugar, trabajar y crecer.

Si Dios nos usa, entonces no somos más que objetos o artículos para Él. Incluso en nuestras relaciones humanas sabemos que está mal.

¿Crees que alguien le diría a su hijo o a su hija: «Espero que crezcas para poder usarte. Serás el instrumento de Papi para darme gloria»?

El pensamiento es aborrecible cuando pensamos en esas palabras en relación con nuestros propios hijos, así que ¿por qué le adjudicamos ese lenguaje a Dios y a la forma como Él se relaciona con nosotros? ¿Hemos olvidado que somos sus hijos, no sus instrumentos? Dios nos ama y nunca nos usaría como objetos inanimados. Trata de invitarnos a participar en la danza de amor y propósito.

Es un Dios de relación y nunca actúa de forma independiente. Somos hijos de Dios hechos a su imagen. No nos sana para poder usarnos, sino porque nos ama y, aunque tropecemos, nos invita a participar y a jugar.

7

DIOS ES MÁS ÉL QUE ELLA

Mi libro *La cabaña* sorprendió a mucha gente, y no a todos de forma grata. Algunos, como mi madre, estaban completamente desconcertados por mi retrato de Dios Padre como una enorme mujer negra llamada Papá. Mi mamá trató de leer el libro. Después de todo, uno de sus hijos lo había escrito; gente como su estilista y su doctor le hablaba de él. Llegó hasta el punto de la historia en donde Papá entra por la puerta, pero una vez que se dio cuenta de lo que yo había hecho, llamó a mi hermana: «¡Debbie, tu hermano es hereje!». Lo decía en serio y estaba petrificada.

Deja que te cuente la historia de cómo mi mamá se desbloqueó y por qué ahora le encanta *La cabaña*.

En 1946, el panteón de los dioses occidentales incluía al Padre, al Hijo, al Espíritu Santo..., y a los médicos —en su mayoría hombres—, vestidos apropiadamente con santos atuendos blancos, que mantenían una presencia de distante superioridad y poder. Si un doctor se detenía en una banqueta, todo el mundo se hacía a un lado hasta que él pasara. Si un doctor entraba en una sala, todos se ponían de pie hasta que él terminaba y se iba. Nunca contradecías al doctor, en especial si te entrenabas como enfermera.

Mi madre entró a un programa de entrenamiento de enfermeras en el Royal Jubilee Hospital, en Victoria, Columbia Británica, Canadá, en 1946. Tenía 18 años, era soltera y quería convertirse en misionera médica. A los tres meses de su entrenamiento, poco después de que recibiera su cofia (que la hacía ver genial, según ella, aunque todavía no sabía nada), al hospital llegó una mujer sangrando. Era la señora Munn, esposa del reverendo Munn, el pastor de la Iglesia Anglicana de Victoria. El expediente médico indicaba que había perdido cinco bebés entre el fin del segundo trimestre y principios del tercero; ahora su sexto embarazo estaba en riesgo.

Es muy duro perder un bebé en cualquier etapa del embarazo; aquellas de ustedes que han llevado en el vientre a un bebé y lo han perdido después de haberlo sentido patear y moverse, saben cuán devastador resulta. Las esperanzas y los sueños se habían desintegrado para esta mujer y su esposo no una sola vez, sino cinco. Ahora ella estaba al borde de la sexta pérdida.

Un doctor entró de prisa, examinó a la señora Munn y dijo: «Tenemos que sacar al bebé». Se preparó una cesárea de emergencia. El médico llamó a la enfermera en jefe para que lo asistiera y a una estudiante de enfermera para ayudar, aprender y limpiar. Esa estudiante era mi mamá. A los tres meses en el entrenamiento de enfermería, esta chica de 18 años fue empujada dentro de una cesárea de emergencia en la que el médico sacó a un bebito de medio kilo de peso. En 1946 los bebés prematuros sobrevivían muy raramente, en particular los niños. No había unidad neonatal o terapia intensiva neonatal. La tecnología en ese tiempo consistía básicamente en incubadoras de pollos, cajas con lámparas de calor. Y este bebé pesaba apenas medio kilo.

Como punto de referencia, nuestro tercer nieto nació prematuro con dos kilos. Tengo una foto de su puño completo, con espacio libre, dentro de la alianza de matrimonio de mi hijo. El doctor puso al pequeñito de medio kilo en una charola riñón, se lo pasó a mi madre y dijo: «No es viable. Deshágase de él», y regresó a terminar la operación.

Mi madre miró al pequeño bebé, que aún respiraba. Deshacerse de él significaba el incinerador, donde todo el desperdicio médico era destruido. Se vio en un dilema monumental. En el área de servicio fuera del quirófano encontró una toalla. Envolvió al bebé en ella, lo colocó en la charola, regresó al quirófano, colocó la charola sobre la unidad de esterilización, el único lugar tibio allí dentro.

El doctor terminó la cirugía y, suponiendo que todo estaba en orden, se retiró. La enfermera en jefe llevó a la señora Munn a la sala de recuperación, y dejó a mi madre a cargo de la limpieza. Este pequeño bebé nació a las 8:30 p.m. del 30 de mayo de 1946. A las 9:30 mi madre había terminado la limpieza y estaba sentada en una silla, cargándolo, esperando a que muriera. Pensó que una vez que el bebé falleciera podría obedecer al doctor sin que nadie supiera nada. A las 9:30 el doctor se reunió con los padres y les dio las terribles noticias: su hijo, no viable, no había sobrevivido. Los dejó con la pena de perder a su sexto hijo.

A la 1:30 a.m. mi madre decidió que era mejor decirle a alguien y llamó a la enfermera en jefe. «Estamos en graves problemas» fue su respuesta. Llamaron al doctor y volvió de casa a toda prisa: estaba furioso. Se fue contra esta joven chica, quien debido a su insubordinación y a su incapacidad de seguir el protocolo había puesto al hospital y a él en medio de una «situación».

«Causaste un problema —le dijo apuntándola con el dedo—. Ahora es tu responsabilidad. Pero no te atrevas a decirles nada a los padres». Sin saber qué hacer, esta angustiada enfermera en entrenamiento llevó al bebé al cunero del hospital, donde ella y otras enfermeras lo atendieron, alimentándolo con un gotero. En los siguientes dos días perdió 100 gramos.

Dos días. ¿Qué estaba pensando el doctor? Desde luego, pensaba que el bebé moriría y, una vez que eso sucediera, la «situación» se escondería debajo de la alfombra del código de silencio.

Pero este determinado pequeñito comenzó a ganar peso. El doctor se dio cuenta de que debía decirles a sus padres. «No queríamos darles falsas esperanzas. Cuando su hijo nació, estábamos seguros de que no sobreviviría, pero…, gracias a los milagros de la medicina moderna, logramos mantenerlo vivo, a pesar de que las posibilidades eran casi nulas; incluso si lo logra, habría ciertas complicaciones, daño cerebral...».

No les importó, no en ese momento. Tenían un hijo, a quien llamaron Harold (que significa «buenas noticias»). Más tarde ese día, el reverendo Munn, cargando a ese pequeñito infante en una mano, lo bautizó con un gotero. Nadie esperaba que el pequeño Harold sobreviviera, pero dos semanas más tarde, la señora Munn fue dada de alta y, dos meses más tarde, el pequeño Harold se fue a casa con sus padres. Dos años más tarde, las enfermeras, incluida mi madre, recibieron una invitación para la fiesta de cumpleaños. Mi madre fue, con curiosidad acerca de Harold, y allí estaba..., jugando y corriendo con otros niños, y se veía perfectamente normal. «Un poco flacucho», dice ahora, recordando ese momento.

No les dijo nada a los padres sobre cómo sobrevivió el pequeño Harold. Se graduó, se mudó al centro de Canadá y entró en la escuela de Biblia, donde conoció a mi papá. Se casaron. Nueve meses más tarde nací yo en Alberta del Norte y, 10 meses después de eso, nos mudamos al otro lado del mundo, a la agreste Nueva Guinea, donde crecí.

Años más tarde volvimos a Canadá. Me gradué de la preparatoria en Columbia Británica Norte, en un pueblo llamado Terrace. Mi mamá trabajaba en el hospital y, a través del boletín anglicano, se encontró el obituario del obispo Munn. Curiosa, preguntó a una enfermera anglicana si ella conocía al obispo. Resultó que la mujer había trabajado con él, en First Nations, y lo conocía bien.

—¿Tuvieron hijos? —mi madre aún tenía sus dudas.

—Sí, un hijo llamado Harold, pero le he perdido la pista. Un chico asombroso. Lo último que oí es que se fue de misionero a África Occidental.

Mi madre no dijo nada durante otros 10 años, pero luego se encontró con otro obituario —esta vez el del médico que le había causado tanto pesar—. Sólo entonces mi madre nos contó, a su familia, acerca de Harold Munn. Se lo había guardado para ella todos esos años, pero ahora que el doctor había fallecido, también desaparecía el código de silencio. Estaba decidida a seguir la pista de Harold y a decirle la verdad sobre su nacimiento. Lo encontró: era un pastor de la Iglesia anglicana que vivía a unas cuantas cuadras de donde su padre había trabajado en 1946.

Durante seis meses se preparó, tratando de decidir cómo decírselo a Harold «sin que pensara que yo quería el crédito». Finalmente, le escribió una carta en Navidad, envolviendo la historia dentro de otra «historia de la llegada de un Hijo», la historia de Jesús. Harold respondió pronto, y poco después se conocieron. Mi madre le dijo la verdad acerca de su milagroso nacimiento.

Como puedes imaginar, mi madre y Harold se volvieron íntimos. Un día, en una conversación, ella dijo:

—Harold, tengo un hijo. Él escribió un libro y a mí me está costando mucho trabajo leerlo.

—Berenice, deja que lo lea y te diré qué pienso.

Harold leyó *La cabaña* y me escribió un correo electrónico. «Querido Paul, leí tu libro. Me encantó, pero creo saber por qué a tu mamá le está costando trabajo: la imagen que usas para Dios Padre. Déjame ver si puedo hacer algo al respecto».

Me mandó una copia oculta del mensaje de correo electrónico que le escribió a mi madre. «Querida Berenice, leí el libro de Paul y debes saber que me encantó, pero imagino que te está contrariando la imagen de Dios Padre. Déjame decirte por qué es tan importante para mí lo que él escribió».

Y lo hizo.

Como señaló Harold, ¿alguno de nosotros piensa en verdad que Dios es más masculino, más hombre, más paternal que femenino, mujer y maternal? Toda la maternidad, igual que la paternidad, se origina en la verdadera naturaleza de Dios. La imagen de Dios en nosotros (*imago Dei*) no es menos femenina que masculina. La naturaleza femenina/masculina de Dios es un círculo de relación, un espectro, no una polaridad.

> LA IMAGINERÍA NUNCA HA PRETENDIDO DEFINIR A DIOS; MÁS BIEN, LA IMAGINERÍA ES UNA VENTANA A TRAVÉS DE LA QUE VEMOS ASPECTOS Y FACETAS DE LA NATURALEZA Y DEL CARÁCTER DE DIOS.

¿Y la imaginería? Está en todas partes en las Escrituras: masculino (Padre, Rey, etc.), femenino (Madre Cuidadosa, Mujer, etc.), animal (Madre Oso, Águila, Leona, etc.), objeto inanimado (Roca, Fortaleza, Torre Fuerte, Montaña, Escudo, etcétera).

La imaginería nunca ha pretendido definir a Dios; más bien, la imaginería es una ventana a través de la que vemos aspectos y facetas de la naturaleza y del carácter de Dios.

¿Es Dios más masculino que femenino? ¡Absolutamente no! En mi historia de Harold Munn, ¿quién representa mejor el corazón y el carácter de Dios: el médico hombre o la enfermera en entrenamiento soltera de 18 años?

Y, finalmente, he aquí la maravilla de esta pequeña historia dentro de la historia. Mi madre salvó a un bebé de medio kilo en 1946, quien décadas después construyó un puente para que ella pudiera atravesarlo hacia su propio hijo.

8

DIOS QUIERE SER UNA PRIORIDAD

En ocasiones nos relacionamos con Dios como si hubiera magia involucrada. No lo decimos tal cual, pero así creemos que funciona. Si tengo la fórmula mágica (sangre de tritón, ojo de sapo) y las palabras mágicas (*abracadabra* o *shazam*), obtendré el resultado correcto (poción de amor número 9).

El objetivo es el control, o al menos la certeza. Si rezamos la oración correcta, podemos hacer que Dios baje del trono y haga algo, cualquier cosa que creamos querer o necesitar. Nuestra fórmula puede ser el *trabajo* (hacer muchas actividades correctas, como rezar, dar, leer la Biblia, etc.) o la *fe* (tengo mucha fe y la ejerzo adecuadamente, entonces...). Sea lo que sea, pensamos que si hacemos la fórmula, Dios vendrá.

Yo no crecí en una familia que se preocupara mucho por las cosas materiales —ciertamente no en exceso—, pero siempre teníamos necesidades: comida, techo, vestido. Mi padre es de una generación que, aunque no estaba capacitada para la crianza, era buena en el trabajo. Yo recibí mi ética del trabajo de ambos, pero especialmente de mi padre.

Sin que yo supiera, mis padres ahorraron algo de dinero para ayudarme en mi primer año de universidad, pero, poco después de que dejé la casa, lo invirtieron con un «confiable» religioso, y en pocos meses sus ahorros y los fondos para mi universidad habían desaparecido. Recuerdo a mi madre, con lágrimas que rodaban por sus mejillas, explicando lo que había sucedido. El aspecto totalmente desconcertado de su rostro era una mezcla de emociones entre pérdida y desilusión. «¿Cómo nos sucedió esto? ¡A nosotros, que pagamos fielmente el diezmo toda la vida!».

Magia. Y cuando no funciona creemos que hay algo malo con nosotros o con nuestra fórmula. No rezamos lo suficiente o durante el tiempo necesario, o no tuvimos suficiente fe, o hay algún pecado en nuestra vida que nos ha desconectado de Dios.

El vocabulario griego y arameo del Nuevo Testamento es pequeño comparado con el español, y el hebreo (del Antiguo Testamento) es aún más escaso, de modo que los traductores usan muchas palabras que no existen en las lenguas originales. Palabras comunes de nuestra cultura se han vuelto el lenguaje de nuestra espiritualidad, aunque no estén en las Escrituras.

Tengo una enorme colección del Diccionario Teológico del Nuevo Testamento de Kittel, una colección de 10 volúmenes que contiene miles de páginas de exploración escolástica para todas las palabras griegas en el Nuevo Testamento. Cuando quiero comprender una palabra, tanto en el contexto de las

Escrituras como en su marco histórico y cultural, es allí a donde acudo. El volumen 10 es el índice de los otros nueve, y contiene una palabra griega para *principado*, seguida de la palabra *prisión*. Hay al menos dos palabras significativas que uno podría asumir que estarían en medio de ellas, pero están ausentes: *principio* y *prioridad*. Estas palabras no tienen una contraparte griega o hebrea. No están en la Biblia.

Éstos son términos poderosos en el mundo de los negocios y han sido adoptados por el vocabulario religioso a tal punto que discutimos sobre quién las usó primero. ¿Has oído a algún predicador que no use las palabras *principal* o *prioridad*? No es frecuente. Se han vuelto parte de lo que vemos y pensamos acerca de nuestra relación con la vida y con Dios, pero no están presentes en el lenguaje de las Escrituras.

Jesús ocasionalmente se encontró en conversaciones delicadas. Los maestros y los doctores de la ley que le hacían preguntas muchas veces tenían intenciones ocultas. Comúnmente eran hombres encargados de preservar el sistema religioso y su propia seguridad en el trabajo.

En una ocasión específica, la pregunta planteada a Jesús fue: «¿Cuál es el mandamiento más importante?».

Ésta parece una pregunta sobre prioridades. Dame una lista, Jesús. Haz una clasificación de las prioridades en mi vida, de la más a la menos importante.

Debo confesar que la gente religiosa adora este tipo de listas. Ciertamente yo estaba entre ellos. Me daban las bases para un fariseísmo y un sistema externo de adjudicación que validaba mi esfuerzo y mi actuación, especialmente en comparación con alguien más. Pero había un problema enorme: la vida no funciona conforme a listas, y las relaciones se complican con cualquier sistema de prioridades.

¿Qué significa poner a Dios primero? ¿Es un porcentaje con relación a nuestro tiempo, o al dinero o al enfoque? En efecto, si le damos a Dios sólo una parte de nuestro sábado o domingo, ¿lo estamos haciendo una prioridad? ¿Quién decide cuánto debe darse para que Dios sea una prioridad? ¿Cuánto es suficiente? ¿Existen ciertas prácticas espirituales, como la oración, o ir a la iglesia, que estén calificadas como «poner a Dios primero»? ¿Quién lo decide? Y ¿qué pasa cuando tengo a un hijo enfermo que requiere cuidados siete días a la semana, las 24 horas del día? Y ¿qué hay sobre mi trabajo? Duermo un buen porcentaje de mi vida, ¿el sueño está exento de esos cálculos? ¿Cómo acomodo la lista? ¿Dios primero, familia en segundo lugar, trabajo o iglesia en tercero? Mmmmm...

Comprendo que, para la realización de una tarea, es útil tener una secuencia de actividades —haz esto primero, aquello en segundo lugar, etc.—, pero nuestras intenciones pueden ser completamente interrumpidas por una llamada de teléfono, y de pronto nuestras agendas se vuelven irrelevantes. Creo que mucha de la frustración de nuestras vidas se debe a que nuestros planes y expectativas se ven interrumpidos.

¿Cómo respondió Jesús a la pregunta que parecía ser sobre prioridades? Él dijo: «El *más grande* y el *más importante* —acuérdate de estas dos palabras— es amar al Señor Dios con todo tu corazón, con toda tu alma, con toda tu mente y con todas tus fuerzas». Dios primero, ¿sí? Dios como prioridad.

No tan deprisa. Luego, Jesús dice: «El segundo es como el primero». ¿Cómo? El segundo es también «el *más grande* y el *más importante*... Amarás a tu prójimo como a ti mismo» (Mateo 22:36-40).

En lugar de una lista de prioridades, Jesús nos presenta algo completamente diferente: una relación en movimiento, dinámica, viva, en la que Dios no es *primero*, sino *central*. Éste no es un organigrama, sino un móvil donde todo se mueve y cambia conforme nuestras elecciones y nuestra participación se entretejen dentro de la actividad del Espíritu Santo. Las listas se tratan de control y comportamiento; Dios se trata de aventura y confianza. Si Él está en el centro de nuestras vidas, entonces también el amor y la relación, dado que Dios es profundamente ambas cosas.

Dios no quiere ser primero en nuestras listas, más bien central en todo. No se trata de que saques tu catálogo de prioridades del bolsillo y revises si lo que has hecho es correcto o suficiente. Esto se trata de vivir en una relación donde los planes puedan ser completamente fallidos, los programas puedan ser alterados en un instante y donde pasemos de una estación a la siguiente tan rápido como la marea.

> DIOS NO QUIERE SER PRIMERO EN NUESTRAS
> LISTAS, MÁS BIEN CENTRAL EN TODO.

Alejarme del legalismo de las prioridades y de la inevitable culpa inherente, especialmente en relación con Dios, ha abierto un enorme espacio en mi vida y ha cambiado fundamentalmente la forma como vivo. La razón por la que le pongo atención a mi esposa o a mi familia no es porque estén en mi lista o a mi familia porque es un deber que cumplir, sino porque los amo y estoy en relación con ellos; son importantes y significativos. La forma como eso se ve cambia cada día. La interrelación entre trabajo, familia, recreación, salud personal, amistad, etc., cambia constantemente, y se enfoca a veces aquí y a veces allá. En lugar de preocuparme sobre las prioridades o el balance, vivo una vida en la que Dios es central en todo, en la que el viento del Espíritu Santo sopla y mueve los elementos del móvil en direcciones inesperadas y no anticipadas, mientras nos invita a participar en el momento, en el día.

9

DIOS ES UN MAGO

Creo que la mayoría de las personas religiosas no estarán de acuerdo con esta declaración. No es una *mentira* en la que creemos. De hecho, nos sonrojaríamos un poco al pensar en *magia* en la misma conversación que *Dios*. Sin embargo, muchas veces yo entiendo a Dios justamente de la misma forma en que otros usan la magia; simplemente lo justifico con jerga santificada.

Al decir *magia* no me refiero a trucos de cartas e ilusiones armadas, tampoco al misterio del arte y la música. La magia a la que me refiero en este ensayo es el medio a través del cual ejercitamos control sobre algo o sobre alguien. Es un juego de poder que no depende de la relación, que es confuso y lleno de misterio. Es el uso de rituales, símbolos, acciones, gestos y lenguaje con la intención de obtener poder. Detrás de la magia religiosa está la creencia en un Dios que de alguna forma necesita ser coaccionado para hacer algo. La interacción es transaccional. Si yo hago la cosa correcta o digo la oración o el encantamiento adecuado, entonces Dios se verá obligado a responder de cierta manera.

Pero no creo que la respuesta de ese Dios a nuestras peticiones se deba a que realizamos las acciones «correctas» o decimos las palabras «adecuadas». Dios puede actuar a pesar de nuestras expectativas sobre la «magia»; pero la respuesta de Dios está movida por el amor, no porque hagamos algo, o por nuestra habilidad en la oración.

Las personas religiosas contamos con dos tipos comunes de magia, principalmente porque no confiamos ni en la bondad ni en el amor de Dios. ¿Cómo puede amarnos Dios y querer el bien para nosotros, con todos nuestros pecados, limitaciones y ceguera? El primer tipo de magia implica la *fe*, y el segundo se basa en el *comportamiento*. En cualquier caso, creer en la magia nos hace vulnerables ante charlatanes y personas bien intencionadas que creen que conocen los trucos del intercambio. Entonces, cuando la magia no funciona, nos llenamos de desilusión y nos recriminamos. Después de todo, no puede ser culpa de Dios, así que de seguro yo hice algo mal.

Con el primer tipo de magia (fe-magia), debes ser capaz de mover montañas, levantar a los muertos, producir milagros, hacerte rico o tener un bebé. Si algo va mal (por ejemplo, te enfermas o tu negocio falla), entonces, o no tenías suficiente fe, o no la ejerciste de forma adecuada. O tal vez hay un pecado en tu vida que impide el flujo de las prestaciones de Dios.

Déjame aclarar que yo no tengo dudas de que Dios es completamente capaz de sanar a quien sea y de levantar a los muertos. He visto lo primero personalmente y tengo amigos en los que confío que han atestiguado lo segundo. En un sentido, una sanación física es simple: es meramente una reformación biológica que oprime el botón de pausa ante una muerte segura. Pero ¿la sanación de un alma humana y la reformación del corazón y la mente? ¡Eso sí es un verdadero milagro!

La familia de mi esposa es enorme, gente de Dakota del Norte y Minnesota, la sal de la tierra. Estos amigos no hacen nada silenciosamente. Son exuberantes y aman la vida. Discuten, ventilan los trapos sucios, son rápidos para perdonar y no alimentan rencores. Y casi todo lo hacen de forma ruidosa, ¡no tienes idea! Básicamente, son emocionalmente sanos. Yo, por mi parte, crecí en una rígida familia religiosa. Escondíamos todo, mentíamos acerca de casi todo y cuando nos reuníamos debíamos estar en orden.

Al principio de nuestro matrimonio, Kim y yo atravesamos seis meses intensamente difíciles. Nuestro primogénito tenía poco más de un año cuando mi hermano menor, de sólo 18 años, falleció en un terrible accidente. Seis meses más tarde, mi sobrina fue asesinada al día siguiente de su quinto cumpleaños. Justo en medio de estas dos sobrecogedoras pérdidas, la madre de Kim fue internada en el hospital por una cirugía de vesícula casi de rutina. Tenía diabetes, pero no se cuidaba. Eso causó una crisis en la mesa de operaciones y en pocas horas terminó en cuidados intensivos.

La familia de Kim se reunió afligida en el hospital para esperar. Yo estaba en mi modalidad desapegada y a cargo de la situación, lidiando con los doctores y haciendo las llamadas telefónicas, cuando el doctor en jefe dijo que quería hablar con Kim y conmigo. Nos dijo que la familia debía tomar una decisión. No había actividad cerebral, así que nuestras alternativas eran mantenerla con vida a través de un respirador o desconectarla de las máquinas.

Volvimos a la sala de espera con las noticias, sólo para toparnos con que el novio de una de las hermanas de Kim les hablaba a los familiares, muchos de los cuales no eran seguidores de Jesús.

—Si tan sólo tuvieran fe, su madre no estaría allí muriendo —dijo.

—Espera —lo interrumpí—. ¿Puedes explicarme cómo funciona? ¿Estás diciendo que, si la mayoría de nosotros tenemos fe, entonces ella no morirá?

Él asintió. Después le pregunté:

—Si tan sólo una persona tiene suficiente fe, entonces ¿vivirá?

Lo pensó por un instante y de nuevo asintió.

—¡Bien! —le dije—. Tú eres esa persona. Si ella muere, ¡es tu culpa!

Fue una cosa de pésimo gusto, lo admito, pero estaba tan enojado. Me gustaría tomarme un momento y disculparme con tantas personas que han sido heridas por cristianos profundamente insensibles y poco amables porque tenían una creencia implícita en la magia, más que en un Dios que se une con nosotros para estar presente y reconfortarnos en medio de las pérdidas y del sufrimiento.

El segundo tipo de magia, la magia-comportamiento, trabaja de esta manera: si yo hago las cosas correctas (leer la Biblia, ir a la iglesia, dar el diezmo, orar e ir a misiones) y si no hago las cosas malas (la lista depende de a qué grupo pertenezcas), entonces Dios me bendecirá y las cosas por las que rezo sucederán.

Mientras abordaba un vuelo de Asheville, Carolina del Norte, a Atlanta —tiempo total de vuelo: 23 minutos—, sentí un «empujoncito», que es una de las formas en las que Dios me habla, y así saqué mi última copia de *La cabaña* antes de poner mi equipaje en el compartimento superior. Cuando la mujer que estaba cuatro personas delante de mí se detuvo en mi fila, le hice saber que mi asiento era el de la ventana, así que ella amablemente quitó su bolsa y esperó a que yo pasara primero. Mientras lo hacía, tropecé con la correa de su bolsa y caí en el asiento; todo terminó con el libro justo en su cara. Disculpándome, me acomodé y puse el libro en el bolsillo del respaldo.

Se acomodó también y luego dijo:

—No vas a leer ese libro, ¿verdad?

—De hecho, ya lo leí, ¿y tú?

—Sí, hace un año, y ¡no me gustó!

—¿En serio? ¿Qué fue lo que no te gustó?

Fue como ponerme delante de una metralleta. Un río de generalidades surgió de forma tan rápida y furiosa que era difícil seguirlo. Algo acerca de violar los principios de Dios, de no gustarle la representación de la Trinidad...

—Espera, ¿qué es lo que no te gustó sobre la Trinidad?

Hizo una pausa.

—No me acuerdo —dijo, y volvió al ataque, pero esta vez sus comentarios eran más personales. Cuando hizo una pausa para inhalar, le hice otra pregunta.

—¿Conoces al autor?

Lo pensó un segundo antes de responder.

—Uh, no..., pero...

¿Has visto en las caricaturas un foco que se enciende arriba de la cabeza de alguien? Tuvo uno de ésos.

—Uh, no eres tú el autor, ¿o sí?

—*Sip*.

—No, no eres tú —insistió hasta que le enseñé dos tarjetas de crédito y mi licencia de manejo.

—Ésta es una de esas cosas de Dios —dijo reclinándose y mirando al techo. Me pregunto qué quiso decir con ello.

—Te diré algo: olvídate del libro. En lugar de ello, ¿por qué no me cuentas tu historia? Tengo curiosidad de saber cómo terminaste sentada en un vuelo a mi lado.

Entonces, ella me compartió su historia. Un año atrás, era una suicida *borderline*. Una adicción se había adueñado de su mundo y ella había perdido todas las relaciones que le resultaban significativas. Luego, afortunadamente, gracias a un grupo de predicadores fundamentalistas en la calle, conoció a Jesús y su vida dio un giro por completo. Pero ella estaba desesperada por el miedo de que pudiera perder la magia, que pudiera hacer algo malo o creer algo malo. Cualquier cosa fuera de los principios que le habían enseñado era potencialmente peligrosa. *La cabaña* era peligrosa.

ELLA ESTABA DESESPERADA POR EL MIEDO DE QUE PUDIERA PERDER LA MAGIA, QUE PUDIERA HACER ALGO MALO O CREER ALGO MALO.

Iniciamos el descenso; me incliné hacia ella.

—¡Estoy muy emocionado por ti! Llevo caminando este camino con Jesús muchos años, y tú estás en la más increíble de las aventuras que un ser humano pueda tener. Espero que nunca pierdas tu fervor y tu centro. Pero, si me lo permites, si Jesús estuviera sentado aquí junto a ti, creo saber qué te diría.

—¿Qué?

Puse mi mano en su hombro.

—Creo que te diría: «relájate».

Las lágrimas comenzaron a correr por sus mejillas y vi cómo se derretía en el abrazo de un cariño invisible pero incesante. Nos abrazamos al despedirnos. Ella sonrió:

—Voy a tratar y lo leeré de nuevo.

—Está perfecto si no lo haces —le aseguré.

Luego, 20 minutos después, en el pasillo hacia mi siguiente puerta y en medio del bullicio del aeropuerto de Atlanta, me encontré con ella.

—¡Paul! —gritó. Vino hacia mí y me dio un gran abrazo. Habrías jurado que éramos amigos de toda la vida. ¡Lo éramos!

La alternativa para la magia es la relación, la cual está llena de misterio y sin control. La magia se trata de saber los encantamientos correctos, las fórmulas y cosas que hacer. La relación se trata de la confianza.

¿Sabes que Dios conoce nuestro lenguaje? ¿Sabes que tienes la capacidad de hablar con Dios y escuchar la voz de Dios en tu forma única de escuchar? Así es. Por más que la magia nos dé la ilusión y la promesa de control, la relación es donde está la verdadera acción, un momento en el tiempo, una conversación de participación.

Una vez que saboreas las delicias de la relación, nunca querrás volver a la magia.

10

DIOS ES UN PURITANO

En el ambiente religioso de mi niñez, decir la palabra *sexo* era pecado. En cambio, la cultura tribal en la que crecí (Papúa Occidental) era marcadamente sexual. Muchos de los saludos comunes estaban asociados con la sexualidad y la intimidad; mientras más profundo era el sentido de relación con otra persona, más gráfico era el saludo.

¿Dónde crees que se origina el sexo?

Se origina en el propio ser de Dios.

Hablando de sexo, los miembros de las culturas tribales en las que fui criado usaban muy poca ropa. No había necesidad. Esto era desconcertante para los misioneros occidentales y más tarde para el gobierno que anexó la isla. ¿La solución? Lanzar toneladas de ropa desde aviones en medio de la jungla. Pero es difícil mantener un adecuado sentido del decoro y del respeto cuando un jefe viene brincando con un nuevo «casco» que encontró en medio de la selva, con una cinta atada al mentón. Personalmente nunca habría usado un brasier como casco, ¿y tú?

Tanto la sexualidad como el humor son inherentes y profundamente relacionales. Ambos son capaces de gran belleza y creatividad o de burda objetivación y daño. Con toda la consternación, confusión y caos que la sexualidad humana ha causado, ésta debe ser increíblemente significativa.

Sexo, dinero y poder: tres grandes arenas de la interacción humana que, si no son constantemente envueltas por el amor, se tornan despóticas y abusivas. De estas tres, sólo el sexo es intrínsecamente una expresión del ser. Pero cuando alguna de estas áreas se aleja de la relación, se vuelven armas de destrucción masiva interpersonal e intercultural.

El lenguaje de la sexualidad enmarca las Escrituras de varias tradiciones religiosas, incluyendo el judaísmo y el cristianismo. Hay una celebración que lleva hacia la unión, hacia la cocreatividad, hacia el conocer y ser conocido. Cuando el Nuevo Testamento nos dice que la naturaleza divina de Dios se ha colocado dentro de nosotros, la palabra griega usada es *sperma*. La unión sexual es «conocer» al otro, la unicidad íntima frente a frente.

Como la Iglesia cristiana primitiva luchó para encontrar palabras adecuadas que la ayudaran a describir la naturaleza de Dios como Tres Personas en una completa Unidad, decidieron usar la palabra *perichoresis*, que significa «mutua» interpenetración sin la pérdida de la Persona individual. Ésta es una de las mejores descripciones de la unión sexual que jamás haya oído, y celebra la existencia de esta atracción porque somos creados a imagen y semejanza de Dios.

El punto es central. La sexualidad es una fuerza creativa y hermosa *sólo* cuando es una expresión de ágape, una palabra que significa «centrado en el otro, entrega, amor comprometido». Dios es ágape (Primera Epístola de Juan). En algún punto separamos la sexualidad del ágape y legitimamos la categoría de *eros* y su derivado, *erótico(a)*. En el mundo clásico, Eros era un dios demoniaco, enfocado sólo en el poder y en el servicio centrado en sí mismo; los otros eran un medio para la consecución de un fin de autogratificación (piensa en la pornografía) y la realización de un anhelo de unidad (piensa en el encaprichamiento amoroso). El amor verdadero encuentra su satisfacción en el otro y, por tanto, nunca es ciego. El encaprichamiento amoroso es por definición ciego, encuentra su satisfacción sólo en el yo y en las necesidades de éste. De modo que no es sorprendente que la palabra *eros* no aparezca en las Escrituras, y cuando aparece en conversaciones teológicas se presenta en contraposición con ágape.

La pornografía (como el encaprichamiento amoroso) obviamente es no relacional; es una conexión imaginaria que no requiere ninguno de los riesgos de una verdadera. De hecho, es lo opuesto a *conocer*. La objetivación sexual de mujeres, hombres o niños en cualquier sentido es un alejamiento del amor.

El romance, el gozo de conocer y cuidar de otro, es la verdadera expresión de ágape. La intimidad sexual es la expresión icónica e increíble de nuestra *imago Dei*; está fundada en las Escrituras y es también una expresión de ágape, del tipo de amor de Dios centrado en el otro y de entrega amorosa. Cuando la sexualidad se centra en uno mismo, en la autogratificación, el uso del cuerpo o la imagen de otro como un medio para un fin es una devastadora violación al amor.

¿Qué tal si comenzamos a centrar todas las conversaciones sobre el amor y la sexualidad en ágape como el manantial e inicio de toda la autenticidad y el respeto relacional? ¿Qué tal si rechazamos *eros* como falso, como la objetivación del otro para un encuentro erótico en el que el ego es satisfecho? ¿Qué tal si ágape es la base de la intimidad auténtica cara a cara, sea de tipo sexual o de otra naturaleza, y es la celebración del flujo del amor centrado en el otro y de la entrega amorosa? Entonces, conocer y ser conocido tiene sentido, y la profundidad de una auténtica relación se vuelve esencial para la expresión sexual.

La entrega del ser en ágape no niega en lo absoluto la sensualidad, porque ésta es también celebración de ágape. El ágape centrado en el otro es inherentemente respetuoso del otro: no tiene intención de absorberlo o disminuirlo; es la interpenetración mutua sin la pérdida de la individualidad (*perichoresis*).

> CUANDO LA SEXUALIDAD SE CENTRA EN UNO MISMO, EN LA AUTOGRATIFICACIÓN, EL USO DEL CUERPO O LA IMAGEN DE OTRO COMO UN MEDIO PARA UN FIN ES UNA DEVASTADORA VIOLACIÓN AL AMOR.

Comencé hablándote de la tribu en la que crecí, donde la forma de saludo era frecuentemente gráfica y sexual en su expresión. Décadas más tarde, cuando la Iglesia indígena estaba formada y en funcionamiento, un misionero occidental refirió el tema del lenguaje a los líderes. Estaba ofendido por los tintes sexuales de sus saludos. Graciosamente se le dijo que tendrían una reunión para hablar sobre sus preocupaciones y que le darían una respuesta. He aquí lo que los mayores le dijeron al misionero luego de que lo discutieran: «Cuando estés cerca, nos esforzaremos y no usaremos esas palabras, pero no vamos a dejar de rezar de esa forma». Para ellos, la sexualidad humana era un lenguaje íntimo correcto y bueno. Resulta que no es Dios quien es puritano, somos nosotros.

11

DIOS BENDICE
MI TENDENCIA POLÍTICA

Tengo que confesar algo. No es el tipo de confesión que se relaciona con secretos, mentiras y cosas ocultas; ya confesé todo ese tipo de cosas. ¿Sabes?, después de ser un residente extranjero por más de 30 años con una *green card*, ahora tengo doble nacionalidad: de Canadá y de Estados Unidos.

Era un buen candidato. Soy canadiense y, como todos saben, los canadienses no han causado grandes problemas durante mucho tiempo; tan sólo la sospecha de ello desemboca en todo tipo de disculpas. De todas formas, confiamos más en el humor que en las armas. No tengo lazos con nazis, comunistas o con organizaciones terroristas; nunca he cometido un crimen y he pagado mis impuestos durante décadas. Como ciudadano naturalizado, nunca podré contender por la presidencia, lo que percibo como un beneficio para todos.

De lo que quiero hablar aquí es de una forma diferente de doble ciudadanía, una peligrosa mezcla de patriotismo y religión. Hablando en términos generales, los fundamentalistas patrióticos son mucho más aterradores que los fundamentalistas religiosos, pero lo más espeluznante es la mezcla de ambos. Debemos dejar de confundir nacionalismo y patriotismo con el reino de Dios. Debemos dejar de tratar de transformar a Jesús, el siervo sufriente, en el «Cristo» de cualquier sistema político, especialmente del imperialismo colonial occidental. E, incluso, aunque nunca hemos sido tan presuntuosos como para pensar que Dios es estadounidense, seguimos actuando como si eso fuera cierto. Para ser claros, no descarto que haya gente buena que se involucra en la política por buenas razones y que incluso la maquinaria política pueda hacer el bien. Hay muchas cosas maravillosas y buenas acerca de los Estados Unidos y Canadá, pero debajo de la delgada capa de civilidad y civilización de cada nación se esconde una bestia.

Una antigua creencia asume que las deidades son locales y geográficas, con agendas territoriales de un trato especial para los elegidos y de conquista para los extranjeros, todo en el «nombre de Dios». Incluso hemos visto profecías bíblicas como justificación para nuestra existencia y acciones. ¿No somos la «ciudad asentada sobre un monte»?

Madurar como seres humanos a veces significa darnos cuenta de que nuestra visión de Dios era en realidad la de una deidad local, modelada en gran parte por nuestras propias necesidades de controlar o gobernar un mundo incierto. Tristemente esta filosofía muchas veces nos ha dado el permiso para justificar y reivindicar la violencia contra el mundo, así como para para escribir la historia a través de la perspectiva del vencedor contra opresor.

Es incluso más doloroso que muchos hombres y mujeres se hayan entregado en cuerpo y alma para proteger deidades locales y políticas. Estas buenas personas han sufrido las bajas de la guerra al tratar de ayudar a los oprimidos, a las víctimas y a quienes han sufrido abusos.

Dios no es norteamericano, pero tampoco es serbio ni francés, ni de ninguna identidad política o social erigida por el hombre. Dado que todos fuimos creados a imagen de Dios, ¿no sería lo más correcto decir que Dios ha trabajado a través de muchos de nuestros avatares políticos a fin de proteger a nuestra gente y nuestras culturas, trabajando con nosotros para destruir todo lo que es falso?

Las identidades políticas no se originan en Dios. Él no es separación y división, tampoco es construir muros y excluir, ni dominación y poder. Todo ello encuentra su fuente en nuestra elección de la oscuridad, alimentada por la avaricia y el miedo, y encaminada a establecer seguridad y certeza. Enfrentémoslo: ¡tenemos miedo! Y puesto que confiar en Dios sólo parece útil en el largo plazo (eternidad), confiamos y le damos nuestra adhesión a algo que creemos que es más tangible, más inmediato, y que se presenta a sí mismo como suficientemente poderoso para protegernos y darnos lo que queremos. Le entregamos nuestra fidelidad y nuestra lealtad a un sistema obviamente roto, originado en los humanos, en lugar de arriesgarnos en confiar en un Dios invisible.

No hace falta mucho para revelar que la política no es la solución. Nueva Guinea, la tierra donde crecí de niño, tiene más de 800 grupos lingüísticos no relacionados. Tribus separadas por ríos, montañas y pantanos tienen dialectos completamente diferentes. Éste es un mundo de ensueño para un antropólogo, pero una pesadilla para un político. Uno de los primeros intentos para «civilizar» las comunidades tribales fue introducir un sistema bipartidista. Dividieron las tribus y a una mitad le dieron sombrillas y a la otra, papas dulces. Funcionó a la perfección hasta la primera tormenta, cuando las sombrillas fallaron miserablemente. Entonces todos se unieron al partido de las papas dulces y terminaron completamente con la división política.

Aunque es humorístico, esto también revela la irremediable tensión entre el reino de Dios, que no tiene alianzas políticas o agenda oculta, y los reinos de este mundo (que siempre han sido fundados en el derramamiento de sangre). Las políticas de izquierda expresan la misma ceguera y codicia de poder y control que las de derecha. Si fuéramos tan audaces como para identificarnos con el reino de Dios, que se supone es una alternativa a los reinos de este mundo, entonces todo lo que hacemos y por qué lo hacemos debería cambiar, incluyendo nuestras adhesiones.

El gobierno no ha sido instituido ni se ha originado en Dios. Lo hemos construido. Si quieres encontrar las raíces del poder político, no tienes que ir más lejos que el Génesis, donde Caín mata a su hermano. Caín le dio la espalda completamente a Dios, se alejó para seguir un destino independiente y destructivo. Estableció la primera ciudad y la llamó *Nuevo Inicio* (Enoc), como a su propio hijo, y construyó un imperio. Cinco generaciones después, Lamec ejercía un despiadado poder, arrebatando la propiedad de las mujeres y dándoles a sus propias hijas nombres que las reducían a objetos de atracción física. La humanidad había iniciado la carrera por el territorio y el poder sin importar los costos.

Cada Estado-nación en el planeta existe a causa del derramamiento de sangre de sus hermanos. Cada ser humano lleva consigo la *imago Dei*, la imagen de Dios. Lo que nació del asesinato no puede ser justificado, sin importar los himnos y las alabanzas escritas para glorificarlos.

> SÓLO UN REINO QUE NOS CAMBIE DESDE ADENTRO PODRÁ ENFRENTARSE CON EL MIEDO Y EL ODIO QUE SIGUEN EXPRESÁNDOSE EN NACIONALISMOS Y PATRIOTISMOS.

La única opción ante la demencia del imperio político es el reino de Dios. Sólo un reino que nos cambie desde adentro podrá enfrentarse con el miedo y el odio que siguen expresándose en nacionalismos y patriotismos. Tenemos miedo. No necesitamos poderes que nos defiendan y nos protejan, que nos dividan y nos conquisten. Necesitamos sanación. La resistencia pacífica se vuelve el camino que cambia el mundo sin que seamos absorbidos por los sistemas. Todo tiene un costo. Nos costará enfrentar un mundo violento desde adentro de un reino sin fronteras que se centra en el otro y en la entrega. Mira lo que nos han costado el compromiso con la codicia centrada en uno mismo, la superioridad santurrona y el miedo territorial.

Si en alguna ocasión ves mi expediente de inmigración, encontrarás una nota en él. William Paul Young no matará a nadie en nombre de este país. Tampoco lo haría por ningún otro. Una pistola es una respuesta inmediata ante una amenaza percibida, pero el impacto de la violencia es devastador por generaciones. Afortunadamente pertenecemos a un reino en donde la violencia nunca es expresión de pertenencia. Si piensas que «poner la otra mejilla» es la forma cobarde de huir, podría apostar que nunca la has puesto.

12

DIOS CREÓ (MI) RELIGIÓN

Un hombre llega a las Puertas del Cielo y no está seguro de lo que debe hacer. «¿Nada más entro, así como así?», se pregunta. San Pedro, que al parecer siempre está al tanto de estas historias, reconoce la mirada de consternación en el rostro del hombre; se le acerca y le pregunta si necesita alguna indicación.

—No estoy seguro de lo que debo hacer —comienza el hombre—. ¿Entro, así como así?

—Depende —responde Pedro sonriendo.

—¿Depende? —el hombre está sorprendido—. ¿De qué?

—Depende de cuántos puntos hayas ganado —afirma Pedro.

—¿Puntos? ¿Necesito puntos? ¿Cuántos puntos necesito?

—Cien.

«¿Cien?», piensa el hombre para sus adentros. «No puede ser tan difícil, seguro que gané cien puntos». Se dirige de nuevo a Pedro.

—Veamos, los últimos 15 años estuve sirviendo sopa de pollo los sábados por las noches, ayudando a los pobres —lo dice con esperanza, más como una pregunta que como una declaración.

—¡Fantástico! —dice Pedro—. Te daré un punto por eso.

—¿Un punto? —el hombre queda sorprendido y mira a Pedro, quien asiente entusiasmado. En ese momento el hombre se da cuenta de que no será fácil.

—Bueno... —duda—. Fui pastor por 35 años. Hice todo lo que se me pidió. Prediqué y casé gente, di consejos y enterré muertos...

—Ah, no sé... —dice Pedro, un poco triste.

—Por favor, Pedro, son treinta y cinco años.

Pedro lo piensa por un momento y luego sonríe.

—De acuerdo, ¡te doy un punto por eso!

Entonces el hombre sabe que está en problemas; toda su vida básicamente ha sumado dos puntos y le faltan 98.

Un movimiento atrapa su mirada, del otro lado del camino ve a un hombre que vivió toda su vida en el mismo pueblo donde él era pastor. No lo conocía bien: era del tipo de personas que sólo van a los servicios de la iglesia en Pascua y en Navidad. Recuerda que ese hombre era dueño de una cafetería en el pueblo y siempre fue amable, a pesar de que no se involucró mucho en la comunidad religiosa. Para su sorpresa, el hombre sonríe, saluda y sin dudarlo atraviesa las Puertas del Cielo.

—¿Qué? —exclama dirigiéndose a Pedro—. ¿Quieres decir que ese hombre tiene cien puntos?

Pedro se ríe.

—¡Oh, no! Él no juega este juego.

Me encanta este chiste, no sólo porque nos toma por sorpresa, sino porque rápidamente sentimos que plantea una verdad. Muchos de nosotros tratamos de ganarnos el cariño y la aprobación de Dios por nuestro comportamiento; parece que ese comportamiento y desempeño están profundamente enraizados en la mayoría de las religiones.

Pero Dios no comenzó una religión. Más bien, la religión está entre las muchas cosas que Dios no *originó*, sino a las que se *sometió*, porque los humanos la creamos. Dios se trata de relación y, por tanto, cualquier comprensión de una Iglesia o comunidad de fe que se centre en estructuras, sistemas, divisiones y agendas es de origen humano y no divino.

Por definición, la «religión» se basa en la gente, no en Dios. He aquí cómo el diccionario, en parte, define la religión: «creencias y opiniones de la gente respecto de la existencia, naturaleza y culto a una deidad o deidades [...] un sistema institucionalizado o personal de creencias y prácticas relacionadas con la divinidad» (Diccionario Encarta).

Los seres humanos forman religiones en torno a las cosas que les importan y sobre los miedos que los llevan a ciertas certezas. Para muchos, la cristiandad se ha vuelto una religión.

> LA RELIGIÓN ESTÁ ENTRE LAS MUCHAS COSAS QUE DIOS NO *ORIGINÓ*, SINO A LAS QUE SE *SOMETIÓ*, PORQUE LOS HUMANOS LA CREAMOS.

Jesús no es fundador de ninguna religión. Él no vino para iniciar una nueva religión que compitiera con la miríada de otras que ya existían. Más bien, Jesús habita en todas las familias inclusivas de fe, en las que hemos aprendido a celebrar la presencia de Dios (contemplación y acción) y la de cada uno (comunidad).

Ahora déjame decirte esto: sólo porque los seres humanos seamos quienes organizamos las formas de hacer ciertas cosas no significa que esos sistemas sean inherentemente malos. La religión es un constructo, una forma de hacer las cosas que generalmente encarna elementos tanto benéficos como destructivos —destructivos cuando se desconectan de la relación y del amor—. Como todas las instituciones y organizaciones humanas, la religión frecuentemente se vuelve un medio de control de algo o de alguien o de otros seres humanos, y esto aplica también a la religión cristiana.

La palabra *religión* deriva de dos palabras latinas: el prefijo *re-*, que significa «otra vez» o «de nuevo», y de *-ligio*, que refiere a «algo que liga o une con otra cosa». La religión es mi esfuerzo para unirme de nuevo con Dios —un noble gesto, pero condenado por principio y básicamente imposible—. Lo que comenzó como una relación con un Jesús vivo terminó evolucionando en una religión, definida por lo que hacemos: actividades externas, palabras precisas, vestimenta, gestos sagrados, tonos silenciosos. Olvidamos que Jesús está en nosotros y que estamos invitados a participar en Sus sugerencias, ideas y puntos de vista, aprendiendo a tomar activamente una posición a Su lado en contra de la forma como vemos a Dios, a nosotros mismos, a los otros y a la Creación.

Si vemos a Jesús más que a la religión, quedaremos encantados al descubrir que, conforme caen las religiones, van rompiéndose los filtros sagrados/seculares que han sido nuestras lentes. Nos daremos cuenta de que nuestra paternidad, maternidad, amistad, excavación de zanjas, colecta de basura, jardinería, horneado de pan, preparación del café, acciones para salvar a las ballenas, arrancar la hierba, preocuparnos por el vecino, observar las aves, son todas expresiones de la participación en la vida de Dios.

De nuevo, con *La cabaña*, hubo otra cosita que me metió en aguas profundas. Jesús se dirige a su taller y Mackenzie lo detiene con una pregunta: "¿Todos los caminos conducen a Papá [Dios Padre]?".

»"No todos", Jesús sonrió, mientras tendía la mano en busca de la manija de la puerta. "La mayoría de los caminos no llevan a ninguna parte. [Pero] Yo recorreré todos los que sean necesarios para salir a tu encuentro"».

Mientras que la religión puede ser un impedimento para nosotros, no lo es para Dios. La religión no puede ser un fin en sí misma o se tornaría despótica y dañina, e inevitablemente traficaría con las almas humanas a fin de mantener su propia existencia. Cada institución —política, social o religiosa— debe responder a algo o a alguien. Para mí, la medida para juzgar cualquier institución humana, así como mi propia vida, es la persona de Jesús.

Sin embargo, en lugar de ser guiados por Jesús, los seres humanos son controlados de forma rutinaria por los mismos sistemas e instituciones que ellos crean, contradiciendo frecuentemente las intenciones originales de mayor libertad y bien. Lo que originalmente pretendía promover el bienestar humano frecuentemente se vuelve un sistema de reclusión.

El sistema judío tiene algunas prácticas maravillosas. Una de éstas es el botón interno de «reinicio»: el año del jubileo. Cada 15 años oprimen este botón y todo regresa a ceros: deudas, obligaciones, castigos, etc. Todo el sistema debe comenzar de nuevo después de un año de celebrar nuestra común humanidad. Por cierto, la idea del botón de reinicio fue de Dios, en nuestro beneficio.

Me pregunto cómo se vería el planeta si aplicáramos esta experiencia judía a nuestro mundo. Además del año del jubileo, los judíos tienen que darle a la tierra un año de Sabbath cada seis años. Al séptimo año no deben plantar ni cosechar nada de sus campos para permitir que la tierra repose (véase Levítico 25). ¿Qué pasaría si cada seis años todos tomáramos un año de Sabbath para pensar conscientemente en lo que estamos haciendo y en cómo participar mejor para ejercer juntos la compasión; si cada quince años perdonáramos todas las deudas a las naciones y a los individuos? ¿Por qué no? La manera como hacemos las cosas no está funcionando muy bien.

¿Qué tal si en nuestras familias de fe nos diéramos un tiempo fuera para celebrar la presencia de Dios y la de los demás?

13

NECESITAS SER SALVADO

Uno de mis muchos trabajos a lo largo del tiempo fue el de vendedor. A pesar de que era bastante bueno en ello, no me gustaba hacerlo. Incluso, cuando vendía seguros, me enfocaba en líneas comerciales de cobertura; me sentía mejor vendiéndole a una corporación que a las personas.

Lo que más me molestaba de vender era tratar a la gente como blancos. Cada conversación era una venta potencial; cada contacto, una posible red. Sí, las ventas hacen que el mundo gire, pero el amor por el dinero puede llevarte a todas las formas del mal (véase Primera Carta a Timoteo 6:10).

Algunos de mis amigos más cercanos son excelentes vendedores. Son gente de gran integridad con dotes de relación, pero la línea entre el auténtico servicio y la usura es tan delgada que les preocupa profundamente. ¿Recuerdas esas invitaciones a la iglesia para las reuniones de viernes en la noche que terminaban siendo una no deseada propuesta de ventas? Después de tu primera incursión en el mundo del *marketing* multinivel, ¿hay alguna duda de que era difícil aceptar la invitación a un café? Peor aún, si fuiste atacado por un virus multinivel, era sólo cuestión de tiempo antes de que te quedaras sin amigos, incluso de que tus familiares cruzaran la calle cuando te vieran venir.

Es una transacción firmar en la línea punteada. Pagas esto a fin de obtener aquello. Puede ser un nuevo auto o un sentido de seguridad o sexo o entrar en el cielo.

¿Por qué no vemos que la mala religión no es diferente de ello? ¿No es una reunión multinivel de ventas que trata a la gente como blancos?

Tal vez te llega la invitación de un amigo. Vas. Se describe un producto. Tal vez es Jesús, una forma de calmar tu soledad o la promesa de la vida después de la muerte. Hay una transacción, una firma en la línea punteada. En gran parte de la cristiandad esto es «decir la plegaria del pecador». Entonces ya estás en la línea directa de alguien (como en el sistema de ventas) y él recibe una recompensa por facilitar tu salvación.

Después de que «firmas», te informan sobre las «letras chiquitas» en el contrato. Hay una proliferación de expectativas que nadie te había dicho: estándares de comportamiento mínimo, compromisos de tiempo y dinero e innumerables reglas. Si te portas bien y cumples con los objetivos de desempeño puedes convertirte en gerente de distrito y con el tiempo alcanzar el nivel Estrella. Pero si no... Bueno, no queremos hablar de eso, ¿o sí? De acuerdo, ya que lo trajiste a colación... Si no cumples con tu compromiso, corres el riego de ser eternamente atormentado en un lago de fuego, y, si no llevas a tus seres queridos a tu línea directa del sistema, ellos también terminarán allí.

¡Wow! ¿Por qué podría pensar que éstas son buenas noticias?

¿Debe sorprendernos que la gente abandone las reuniones de ventas en manada? ¿O que la gente joven a la que han rebasado por el mercado no quiera que se le venda la relación con Dios?

¿Cuáles son entonces las buenas noticias? ¿Qué es el Evangelio?

La buena noticia no es que Jesús ha abierto la posibilidad de salvación y que te han invitado a recibirlo en tu vida. El Evangelio —la Buena Nueva— es que Jesús ya te ha incluido en Su vida, en Su relación con Dios Padre, y en la unción con el Espíritu Santo. La buena noticia es que Jesús hizo esto sin tu voto y, si lo crees o no, no hace que sea más o menos verdadero.

> DIOS NO ESPERA A QUE YO DECIDA PARA «SALVARME». DIOS ACTUÓ DE FORMA DECIDIDA Y UNIVERSAL PARA TODA LA HUMANIDAD.

¿Qué o quién me salva? O lo hizo Dios en Jesús, o yo me salvo a mí mismo. Si, en cualquier forma, yo participo en el cumplimiento del acto de salvación realizado por Jesús, entonces mi participación es lo que en realidad me salva. Salvar la fe no es nuestra fe, sino la fe de Jesús.

Dios no espera a que yo decida para «salvarme». Dios actuó de forma decidida y universal para toda la humanidad. Ahora nuestra elección diaria es crecer y participar en esa realidad, o bien, continuar viviendo en la ceguera de nuestra propia independencia.

¿Sugieres que todos hemos sido salvados? ¿Crees en la salvación universal? ¡Sí! Es exactamente lo que estoy diciendo.

¡Éstas son las verdaderas buenas noticias! Esto ha hecho alucinar a la gente durante siglos. Tanto es así que muy frecuentemente nos complicamos de más y lo entendemos mal. Ésta es la verdad: cada persona que ha sido concebida fue incluida en la muerte, sepultura, resurrección y ascensión de Jesús. Cuando Jesús fue elevado a los cielos, Dios «atrajo» hacia sí a todos los seres humanos (Juan 12:32). Jesús es el Salvador de toda la humanidad, especialmente de los creyentes (Primera Carta a Timoteo 4:10). Más aún, cada ser humano está en Cristo (Juan 1:3), y Él en ellos y en el Padre (Juan 14:20). Cuando Cristo —el Creador en quien el cosmos fue creado— murió, todos morimos. Cuando Cristo resucitó, todos resucitamos (Segunda Carta a los Corintios 5). Al final de este libro he puesto una lista de cadena de escrituras, *a catena*, que se refiere directamente a este argumento. Por favor, tómate el tiempo de seguirla.

El contexto de la salvación implica tres dimensiones. Primero, antes de la fundación del mundo, estábamos todos incluidos; todos fuimos salvados en eternidad (Segunda Carta a Timoteo 1:9). Segundo, todos estábamos incluidos en el nacimiento, vida, muerte, resurrección y ascensión de Jesús (Segunda Carta a los

Corintios 5:19). Tercero, dentro del contexto de nuestro tiempo presente, de nuestra experiencia actual, participamos en la elaboración del trabajo de Dios (Filipenses 2:12-13). A pesar de que no hicimos nada para lograr nuestra salvación (excepto matar a Jesús), nuestra participación en ese trabajo es esencial. Nuestras elecciones actuales cuentan.

Pero no debemos permitir que el cataclismo, la verdad cosmo-reformadora de que Jesús «terminó», sea reducida a una simple transacción y venta. El apóstol Pablo escribe: «De aquí en adelante a nadie juzgaremos según la carne» (Segunda Carta a los Corintios 5:16). No juzgamos a nadie por cómo está deshecho o perdido, sino que vemos a cada persona por lo que es: aquel que el Espíritu Santo encuentra y celebra, aquel al que Jesús va a buscar dejando a otros 99, aquel al que el Padre espera recibir en casa. No ofrecemos lo que ya ha sido dado; simplemente celebramos la Buena Nueva con cada uno: *todos hemos sido incluidos*.

Hace poco tuve en mis brazos a mi nieto recién nacido y me preguntaba sobre la increíble creatividad y el propósito de Dios. Este ser inmortal no habría venido a la existencia sin el trabajo conjunto de dos seres humanos y de Dios. Durante nueve meses las vidas de muchos se ajustaron para anticipar su llegada. La vida de este niño también estará envuelta en la participación de seres humanos. El trabajo de nuestra salvación, ya asegurado desde la eternidad en Jesús, también participa. Nosotros no participamos en ese trabajo para hacerlo realidad; participamos porque es realidad.

14

A Dios no le importa lo que a mí me apasiona

Alguna vez te han preguntado por tus pasatiempos? Durante mucho tiempo, la pregunta me dejaba mudo, porque realmente no tengo ningún pasatiempo. Hay muchas cosas que disfruto, pero nunca me he vuelto apasionado. Tal vez es porque me distraigo muy fácilmente. Tengo amigos que tienen pasatiempos como la jardinería, la pesca, el golf, las caminatas, el ciclismo, la herrería, la confección de moscas de pesca, la música..., pero yo no. Participo en todas estas actividades con mis amigos, pero normalmente no busco ser incluido, y ciertamente no las practico solo.

Recientemente, gracias a la amabilidad de algunos amigos, pude sorprender a otros amantes del golf con una visita de dos días al Augusta National Golf Club en Georgia para ver las rondas de práctica previas al evento central del año. Mientras caminábamos, ellos me regalaban sus historias: Éste es el 15, donde Gene Sarazen tiró «el golpe que se oyó en todo el mundo»: un doble Eagle en la última ronda para empatar y forzar un *playoff*, que terminó por ganar. Y aquí, en el 16, Tiger Woods hizo ese *chip* —golpe corto de aproximación— que dejó la pelota colgando del borde del hoyo, describiendo audazmente el símbolo de *Nike*, antes de desaparecer en medio del clamor de la multitud. Y escuché sobre el *chip-in* de Larry Mize en su *playoff*, y de Bubba Watson lanzando un tiro entre los árboles y dándole la vuelta a la torre de televisión para un *putt* ganador. Y justo aquí, en el hoyo 13 es donde Phil Mickelson, desde una distancia de 200 yardas, tiró con un hierro cuatro a través de una zona de pinos justo frente a él y le pego al *green* a menos de 10 pies del hoyo.

Durante dos días caminamos y miramos y hablamos; yo amé cada minuto. ¡Y entonces me di cuenta! Claro que tengo un pasatiempo: adentrarme en la pasión de las otras personas y experimentar su gozo. Una vez que noté esto, podía verlo en todas las áreas de mi vida: con un niño que ama la física y la estadística; otro que adora la música y las películas; un nieto que dibuja o pinta o baila, y otro que se aterroriza con la velocidad de bólido de un triciclo. Luego está Kim, que ama ser madre, abuela y crear espacios acogedores, y están también los amigos que nos regalan historias y fotos de sus propios hijos, nietos o pasatiempos.

¿De dónde proviene ese deleite? Hace unos años, mi amigo Baxter abordó un vuelo de Atlanta al estado de Washington. Era su primer viaje a la costa noroeste del Pacífico y eligió un asiento en ventanilla en la parte posterior del avión, esperando echar un vistazo a las Montañas Rocallosas. El vuelo no estaba lleno, nadie se sentó junto a él, de modo que se acomodó. Entonces ocurrió algo extraño. El *jet*, que ya había arrancado, se detuvo y se echó para atrás. La puerta se abrió y permitió que subiera otro pasajero. Curioso, Baxter miró quién era tan importante persona y lo que él vio casi me hizo reír. El hombre parecía Indiana Jones recién salido de la jungla, con sombrero, botas de cuero, una cartera de cuero cruzada sobre el pecho y barba de cinco días en su rostro. El hombre pasó delante de todos los asientos vacíos, sonriendo, y se acomodó al lado de Baxter en la última fila.

Entonces Baxter, con su modo sureño de buenas-tardes-cómo-está-usted, se presentó a sí mismo y preguntó:

—¿A qué se dedica usted?

—Soy un botánico sistemático microevolucionario —respondió.

—¿En serio? —preguntó Baxter—. ¿Y puedo preguntar qué es un botánico sistemático microevolucionario?

—Busco y salvo plantas en peligro.

Y comenzó a explicarle que acababa de regresar de una exploración de cinco días en América Central. Sacando un trozo de papel, comenzó a dibujar plantas, añadiendo los nombres científicos y desglosando sus propiedades. Hizo listas de flora que se había extinguido y de aquella que está al borde de la desaparición. Explicó las increíbles propiedades de estas plantas que ayudarían a los seres humanos a lidiar con el dolor y la enfermedad, e hizo notas sobre la investigación de semillas.

Después de una hora de charla, se detuvo.

—Y tú, Baxter, ¿a qué te dedicas?

—Bueno, yo soy teólogo.

El hombre hizo una pausa.

—Supongo que quieres hablarme de la evolución.

—No realmente —replicó Baxter—. No me importa mucho eso, pero, por favor, háblame más de las plantas.

Normalmente, Baxter sólo se interesa por las plantas si un bajo puede esconderse detrás de una, pero se encontró a sí mismo atrapado en un deleite científico. Pasó otra hora de historias y fotos antes de que Baxter dijera:

—Tengo una pregunta para ti. ¿De dónde viene tu pasión? Quiero decir, ¿tus padres eran científicos? ¿La tía Sallie-Mae era botánica?

Hubo un intenso silencio de un par de minutos mientras su nuevo amigo ponderaba la pregunta.

—Nadie me había hecho antes esa pregunta. No sé de dónde proviene mi pasión. Es sólo como...

—Evolucionada —dijeron ambos al mismo tiempo y rieron.

—Si me lo permites, te lo puedo decir —ofreció Baxter.

—¿Puedes decirme de dónde proviene mi pasión?

Baxter asintió, sacó un pedazo de papel y dibujó tres círculos entrelazados, representando a la Trinidad.

—Mira, éste es el símbolo de la Unicidad de las Tres Personas de Dios. Dentro de esta divina danza de movimiento de relación, todo fue creado: cada ser humano, cada planta, cada partícula subatómica, todo. Dios ama a Su creación y nuestra participación en ella. ¿Esa pasión que sientes te mueve a preocuparte por la Creación? Son las Tres Personas de Dios compartiendo Su corazón y Su amor por la Creación contigo. Y cuando caminas por la selva en busca de estas plantas, participas en el trabajo de Dios.

El hombre estaba atónito.

—¿Por qué nunca nadie me dijo esto?

> ¿ESA PASIÓN QUE SIENTES TE MUEVE A PREOCUPARTE POR LA CREACIÓN? SON LAS TRES PERSONAS DE DIOS COMPARTIENDO SU CORAZÓN Y SU AMOR POR LA CREACIÓN CONTIGO.

¡Exactamente! Nuestro amor por nuestros hijos, nuestras familias y nuestros amigos se origina, es acogido y es envuelto en Dios. El granjero que ara el campo participa con Dios en el amor de proveer el alimento para celebrar el Pan de la Vida. El deseo de cualquiera de nosotros por explorar, servir, trabajar duro, crear, dibujar, construir, sembrar, bailar, aprender, llorar, cantar, imaginar, maravillarse, pescar, orar y jugar golf..., todos estos deseos son expresiones de la verdadera naturaleza de un Dios que celebra nuestra vida y nuestra humanidad.

Este Dios nunca se enclaustrará dentro de los muros, sino que nos alcanzará dondequiera que estemos. Dios nunca abandona ni renuncia y no se contenta con dejarnos quebrantados ni con las mentiras en las que hemos creído. Éste es un Dios que está completa y totalmente comprometido, implicado y ama celebrarnos a nosotros y a nuestras pasiones. Tu gozo, tu amor, tu pena, tu furia, tu esperanza, tu curiosidad, tu maravilla y tu pasión hacia la autenticidad y la integridad se originan en Dios.

¡Qué maravilloso pensamiento!

15

EL INFIERNO
ES LA SEPARACIÓN DE DIOS

Crecí en ambientes religiosos que estaban imbuidos en el temor y en el espectro del eterno tormento de la conciencia. Mi motivación más profunda para vivir bien no era la realidad del amor o la confianza en la vida de Jesús; era el miedo al infierno y a la condenación.

El tema del infierno es muy vasto, con destellos de todo tipo en los debates más apasionados. Existen varias visiones básicas sobre el infierno, que incluyen: 1) la condenación eterna, 2) la aniquilación y 3) la era de la purificación redentora. Si quieres retroceder un poco y echarle una mirada a esta conversación en particular, déjame recomendarte un buen lugar para comenzar: el libro de Brad Jersak, *Her Gates Will Never Be Shut* (2009).

Para muchos, el meollo y el conflicto de la cuestión es cómo concebimos un Dios bueno y eterno, cuya naturaleza es el amor, que permite a los seres humanos padecer tormento y dolor por un tiempo infinito, como si eso fuera justo de alguna manera.

El pensamiento es tan descorazonador que, para muchos, se torna un obstáculo insalvable. De forma regular recibo correos electrónicos que dicen: «Me aterra arriesgarme y confiar en que Dios es Bueno, como has escrito tú, y luego encontrarme con que estabas equivocado». ¿No te parece intuitivamente equivocado estar desesperadamente angustiados ante la idea de la tortura de Dios y al mismo tiempo esperar pasar toda la eternidad con este Dios?

En *La cabaña* traté de llevar la conversación sobre el infierno de la cabeza al corazón, poniendo al personaje principal, Mackenzie, en la mira de un terrible dilema. En la caverna donde Mack se encara con la sabiduría de Dios, Sofía, ella le pide que asuma la posición de juez, un rol que él, como muchos de nosotros, asume diariamente. Pero Sofía cambia las cosas inesperadamente.

«Debes elegir a dos de tus hijos para pasar la eternidad en el nuevo Cielo y en la nueva tierra de Dios, pero sólo a dos..., y a tres de tus hijos para pasar la eternidad en el infierno».

Sofía lleva la realidad de este tema lejos de un debate desvinculado emocionalmente, hasta los más profundos recovecos del corazón y del alma —el amor visceral de un padre por sus hijos—. Expone también las mentiras de que Dios no es un Padre amoroso —ni siquiera un padre tan bueno como lo somos nosotros— y de que este evidente e irracional amor que tenemos por nuestros hijos se origina en nosotros y no en Dios.

Sofía es implacable y comienza a examinar los comportamientos y las actitudes de los hijos de Mack; y de ese modo analiza las razones por las que él podría justificar su elección de enviar a tres de ellos al infierno. En su argumento burlón, asume que el juicio se basa en la conducta y el comportamiento, en llevar un registro de los errores (una actividad que no hace el amor, como en la Primera Carta a los Corintios 13 se aclara enfáticamente).

Llevado hasta un abismo de desesperanza, Mackenzie finalmente ve que sólo hay una forma de salir, una forma que cualquier madre o padre, aún con el mínimo nivel de salud, elegiría.

«¿Puedo ir yo en su lugar? Si necesitas torturar a alguien por toda la eternidad, yo iré en su lugar. ¿Puede ser? ¿Puedo hacer eso? —entonces cae a sus pies, llorando y suplicando—. Por favor, déjame ir en lugar de mis hijos... por favor».

En vista de que el tema del infierno es demasiado amplio para un simple capítulo, quiero resaltar un elemento significativo: la creencia de que el infierno es la separación de Dios, del Amor, de la Luz, del Bien.

Considera esta simple línea de razonamiento. O el infierno es un lugar o cosa creada, o no lo es. Si no es creado, entonces por definición debe ser Dios, quien es lo único no creado. En este sentido, el infierno sería Dios, que es un fuego devorador. Tu destino no estaría lejos de Dios, sino directamente en Dios, que es Amor, Luz, Bondad.

La otra alternativa es que el infierno sea un lugar o cosa creado. Ten en cuenta este pasaje: «Por lo cual estoy seguro de que ni la muerte ni la vida, ni ángeles ni principados ni potestades, ni lo presente *ni lo por venir*, ni lo alto ni lo profundo, *ni ninguna otra cosa creada* nos podrá separar del amor de Dios, que es en Cristo Jesús, Señor nuestro» (Romanos 8:38-39, énfasis añadido).

Ésta es una lista de todas las realidades que no pueden separarte del amor de Dios. ¿Qué es lo que no está en esa lista, pensando que incluye «cualquier cosa creada» o cualquier «cosa por venir»?

Nada. No hay nada fuera de esta lista.

Tú eres una «cosa creada»; por lo tanto, no tienes el poder de separarte a ti mismo del amor de Dios. Y sea lo que sea el infierno, si es algo creado, no te puede separar del amor de Dios.

Por favor recuerda: decir que no podemos nunca ser *separados* del amor de Dios no es lo mismo que decir que no podemos *rechazar* o *ignorar* el amor de Dios. Lo que elijamos creer, incluso si es una mentira, se vuelve nuestra experiencia. Yo tengo el poder de elegir creer en la ceguera de asumir que estoy separado de Dios. Puedo convencerme a mí mismo o dejarme convencer por otros de que merezco estar separado de Dios. Tales mentiras traerán con ellas una sombra en la que yo experimentaré una sensación de separación, sentimientos que parecen validar la ilusión de que Dios no está conectado y en relación conmigo, o de que Dios ha dejado de amarme o se ha dado por vencido conmigo. Muchos de nosotros en el planeta vivimos *ahora* en esta ilusión.

LO QUE ELIJAMOS CREER, INCLUSO SI ES UNA MENTIRA, SE VUELVE NUESTRA EXPERIENCIA.

Considera conmigo lo siguiente: cualquiera que hable de separación de Dios asume que una persona puede seguir existiendo estando separada —como si nuestra vida no fuera contingente a la presencia de Dios, que es Vida—. ¿Significa eso que tenemos una existencia eterna separados de Jesús y del Padre y del Espíritu Santo? La Escritura es clara: nada ha sido creado aparte de Jesús y la existencia de todo depende completamente del mantenimiento de la vida de Jesús.

Así, si continuamos con este pensamiento..., tal vez el infierno lo es no por la ausencia de Dios, sino por la *presencia* de Dios, la continua y controvertida presencia del ardiente Amor y Bondad y Libertad que pretende destruir todo vestigio de maldad y oscuridad que evita que seamos totalmente libres y totalmente vivos. Éste es un fuego de Amor que ahora y por siempre está a nuestro favor y no en nuestra contra. Sólo si postulamos que tenemos una existencia ajena a Jesús podemos creer que el infierno es una forma de castigo que viene a nosotros en nuestra separación de Jesús. Propongo, entonces, la posibilidad de que el infierno no sea la separación de Jesús, sino el dolor a resistir a nuestra salvación en Él, al no ser capaces de escapar a Él que es Amor Verdadero.

16

DIOS NO ES BUENO

Dios es bueno todo el tiempo! ¡Todo el tiempo Dios es bueno!».

Es una frase común —«¡Dios es bueno todo el tiempo!»— que escucharás mucho en las reuniones de gente de fe. No lo decimos para que esto se vuelva realidad, tratando de convencernos de que Dios es digno de nuestra confianza. Nos recordamos unos a otros que, a pesar de las circunstancias, retos y pérdidas, ésta es la verdad. Decimos esto para contrarrestar la mentira que constantemente nos susurramos de que Dios no es bueno. Pero, a pesar de ello, la mentira se cuela sigilosamente. Cuestionamos la bondad de Dios. En especial cuando enfrentamos una tragedia o una pérdida, podemos comenzar a creer que Dios no es bueno.

Hace poco, una mujer me contactó por correo electrónico. Ella es un increíble ser humano, una mujer que vive en la constante agonía de un dolor físico crónico. Ha enfrentado el dolor por años y está agotada por la guerra que libra dentro de su cuerpo. No está sufriendo como consecuencia de un pecado personal o de una falla. Ella simplemente sufre. Mi amiga no solamente libra una batalla al interior, sino que también tiene un hijo que vive con dolor crónico. Y por si eso no fuera suficiente, mi amiga ha enfrentado la pérdida y el duelo de relaciones que se han desintegrado en cadena. Hay veces que vivir en este mundo no es justo o bueno.

> NO ESTÁ SUFRIENDO COMO CONSECUENCIA DE UN PECADO PERSONAL O DE UNA FALLA. ELLA SIMPLEMENTE SUFRE.

Está furiosa con algunos escritores cristianos: «Terminé por odiar leerlos porque escriben bien desde un punto de vista meramente teórico o desde el otro lado del sufrimiento». Y entonces me preguntó: «¿Serían diferentes los libros que has escrito si los hubieras redactado en medio de un dolor constante y debilitante que te hace difícil ver o sentir? Sólo quiero saber: si tú estuvieras en medio del dolor ahora, ¿sentirías lo mismo? ¿Escribirías lo mismo? ¿Por qué estoy sentada aquí lamentándome?».

Son buenas preguntas, el tipo de preguntas que me invitan a detenerme y a escuchar. Si quieres, vuelve a leer lo que ella escribió. Permítete ponerte en su lugar; si no, hazlo desde tus propias pérdidas. Lamentarse es estar presente.

Sí, Dios es capaz de sanar, instantánea y completamente, pero incluso levantar a los muertos implica oprimir el botón de pausa, un indulto temporal al evento de la muerte. Pregúntale a Lázaro. Pero la sanación física milagrosa e instantánea parece la excepción y no la regla. Por cada persona que se presenta para dar testimonio del poder de Dios por una sanación milagrosa, hay 10 más que se preguntan: «¿Por qué a mí no?». ¿Por qué ellos no califican, o qué hay tan indigno en ellos como para no haber recibido el milagro? Por cada escape milagroso —la mano visible de Dios—, hay muchos que se lamentan sollozando en sus almohadas porque un hijo, esposo, pariente o amigo no fue rescatado y no sobrevivió.

Nadie es inmune al sufrimiento. Lo afirmo como una observación, no para minimizar el dolor de mi amiga o de nadie. Vivimos en un mundo donde hay grandes pérdidas, sean consecuencia de nuestros pecados o de los de otros, o como resultados naturales por vivir en un mundo roto. Sabemos esto a nivel intelectual y, cuando nos lo permitimos, lo sentimos.

Enfrenté esto en mi libro *Eva*:

«Entonces, ¿por qué Dios, por qué Dios no me protegió?».

Eva formula la pregunta, pronunciada por millones de voces, que queda suspendida y ominosa. Se levanta desde las tumbas y las sillas vacías, desde las mezquitas e iglesias, desde las oficinas, celdas y callejones. La fe desgarrada y los corazones maltratados permanecen rotos en el velatorio. Clamaron por justicia y suplicaron por milagros que nunca llegaron.

Primero traté de abordar este asunto en *La cabaña*. En la versión de la película, hay una escena que se desarrolla la primera semana después de que Mackenzie regresa a la cabaña. Su noche ha sido un torbellino de sueños horrendos, y la mañana siguiente sale al porche, desorientado y lleno de una furia controlada. Papá ya ha preparado el desayuno y está esperándolo. Mack se sienta, pero no toca la comida mientras ella continúa hablando.

Finalmente, ella se vuelve hacia él y dice:

—Sabes, Mackenzie, parte de tu problema es que no crees que yo sea bueno, y hasta que creas que lo soy, confiarás en mí.

Él le reclama:

—¿Por qué debería siempre confiar en ti? ¡Mi hija está muerta!

En mi conversación por correo electrónico con mi amiga, le respondí:

La respuesta es «definitivamente sí», mis libros serían diferentes. Qué tan diferentes depende de cuándo y dónde me encuentre en mi viaje... Hay ocasiones en las que mi personaje debería ser encerrado en una institución mental u optar por el suicidio. Por la mañana, mi escrito podría tener atisbos de esperanza, pero por la tarde, podría reflejar el precipicio de la desesperación.

Cuando soy capaz de ponerme de nuevo en esos momentos y épocas, es claro que no es algo que haya durado por siempre ni tampoco es un lugar en donde me gustaría quedarme. Al final de *La cabaña*, Mack todavía tiene mil cosas que trabajar, y Missy sigue estando muerta. Tony está muerto al final de *La encrucijada*. ¿Y Lilly? Al final de la novela *Eva*, su proceso de sanación apenas está comenzando. Pero es la esperanza lo que prevalece.

Traes a colación un buen punto, aunque tendré que sentarme y pensar sobre mi trabajo futuro. Si estuviera atravesando dolor, y si fuera capaz de escribir, sinceramente creo que escribiría sobre ese dolor. Pienso que tu enojo contra los escritores «cristianos», hablando en general, es justificado. Es muy frecuente que todo se resuelva y que las historias tengan finales felices. Nuestras vidas ciertamente no son así. Pero este mundo no es todo lo que hay, y la muerte no es definitoria o la solución.

Entonces, vivo en este mundo con una hija que ha peleado contra un tumor cerebral durante casi 10 años, otra hija que lucha por reconciliar una relación dañada de tres años, un hijo y una nuera que están sanando por la pérdida de un bebé durante el embarazo, un hijo que aún se está recuperando de la repentina muerte de su mejor amigo..., y más, y más, y más. Tal vez estamos incapacitados cuando estamos perdidos en la niebla de la pena y el dolor hasta que olvidamos que fuimos creados para volar.

Pero el dolor también tiene una forma de hacer todo más claro y real, y valida tus preguntas. Siento mucho todas tus pérdidas. No entiendo el misterio de lo que significa que tú y yo, como participantes en este mundo herido, estemos «cumpliendo lo que falta de las aflicciones de Cristo» (véase Colosenses 1:24), pero creo que nuestra participación y presencia en el sufrimiento brinda sentido y una posibilidad de redención, aunque sea sólo dentro de nosotros.

Tus lamentos son la expresión de las lágrimas por las pérdidas de nuestra humanidad. Si pudiera, lo arreglaría. ¡Abrazos cariñosos en un día muy difícil!

La existencia del mal es una pregunta desgarradora, pero la mayor pregunta filosófica/teológica es por qué existe el bien. Dios, que es la fuente de todo bien, es la luz en quien no hay oscuridad. Si Dios no es bueno todo el tiempo, entonces confías en la desilusión, y estamos realmente solos en un mundo de dolor. Nuestros dolores y pérdidas pueden impedirnos ver el bien que nos rodea —la gracia que está constantemente vertida en nuestras vidas y la luz que aleja la ilusión de la oscuridad—. Incluso en la niebla de las tragedias sobrecogedoras, con sus preguntas sin respuestas y pérdidas que parece que nos arrasan, hay una roca sólida, un lugar de donde sostenernos, un profundo acuerdo y una poderosa declaración de confianza que podemos hacer, incluso si parece un simple asidero:

«¡Dios es bueno todo el tiempo! ¡Todo el tiempo, Dios es bueno!».

17

LA CRUZ FUE IDEA DE DIOS

Los niños tienen una sorprendente capacidad de hacer reveladoras preguntas, principalmente porque su visión del mundo no ha sido endurecida por suposiciones, así que ellos preguntan para saber, no para demostrar qué tan listos son.

Cuando nuestro hijo y nuestra nuera estuvieron en Uganda trabajando en el proceso de adopción para traer a Maisy a casa, sus otros hijos (nuestros nietos) se quedaron con nosotros. La mayor de los tres tenía cinco años en aquel entonces y un día, mientras conducíamos el auto de la abuela, ella preguntó:

—Oigan, abuelos, ¿Maisy se volverá blanca cuando venga?

—No.

—¡¿Qué?! —exclamó—. ¿Quieren decir que siempre será café?

—¡Ahá! —respondí.

Hubo un silencio en el asiento trasero mientras la nueva información era procesada.

—¡Bien! —finalmente afirmó—. Esta familia necesita más bebés cafés.

Fue así de simple. Maisy vino a hacer nuestra familia más rica y más maravillosa. Pero la conversación comenzó con una pregunta reveladora, una pregunta que sólo al formularse es capaz de desafiar las suposiciones veladas y abrir posibilidades que de otra forma habrían permanecido adormecidas.

He aquí otra pregunta retadora: ¿quién creó la cruz?

Llegamos al evento más profundo y de mayores implicaciones en la historia de la humanidad (en mi opinión): la vida, muerte, resurrección y ascensión de Jesús. Sin esta secuencia de eventos, la fe relativa en Jesús quedaría en un simple buen deseo. De forma más específica, quiero hablar de la cruz, el instrumento de tortura que asesinó al hombre que se proclamaba Dios.

Vamos a ser inequívocamente claros: no hay nada bueno en la cruz. Fue diseñada como una máquina de tortura para implementar la más profunda humillación y abuso. Su propósito era mantener a un ser humano vivo el mayor tiempo posible y sufriendo el mayor dolor, hasta que su propio aliento (espíritu) fuera violentamente arrancado de su cuerpo por la sofocación. La eventual rotura de las piernas era para acelerar el proceso, de modo que los verdugos pudieran irse a casa con sus familias.

¿Quién creó la cruz?

Si Dios lo hizo, entonces adoramos a un abusador cósmico, que en la Divina Sabiduría creó un medio para torturar seres humanos de la más dolorosa y aberrante manera. Francamente, es muchas veces este mismo dios cruel y monstruoso al que los ateos se rehúsan a reconocer o a darle alguna credibilidad. Y hacen bien. Mejor no tener dios que tener uno así.

La alternativa es que la cruz haya tenido su origen en los seres humanos. Este depravado sistema es la manifestación icónica de nuestra ceguera comprometida con la oscuridad. Es nuestra última profanación del propósito amoroso y bondadoso de Dios de crear, un objetivo enfocado a la creación humana. Es el último puño alzado en contra de Dios.

¿Y cómo responde Dios a esta profunda fractura?

Dios se somete a ella. Dios sube voluntariamente a nuestro instrumento de tortura y nos encuentra en el lugar más profundo y más oscuro de la prisión diabólica de nuestras propias mentiras; al someterse, de una vez por todas, destruye su poder. Jesús es el elegido de Dios, que se entrega voluntariamente y se opone a nuestra peor parte: la cruz.

¿Cuándo se sometió Dios? No sólo en Jesús encarnado, sino antes de la creación del mundo, conforme a las Escrituras (Apocalipsis 13:8). Dios sabía cuál era el costo del acto de la Creación: que los propios hijos de Dios, su más alto orden en la Creación, un día harían un intento final por matar la Vida.

> JESÚS ES EL ELEGIDO DE DIOS, QUE SE ENTREGA VOLUNTARIAMENTE Y SE OPONE A NUESTRA PEOR PARTE: LA CRUZ.

¿Cómo interpretamos nosotros los religiosos este sacrificio? Declaramos que fue Dios quien mató a Jesús, sacrificándolo a Él para saciar Su sanguinaria necesidad de justicia. Isaías (en el capítulo 53) profetiza esto: «A pesar de soportar nuestro pecado y sufrir a manos nuestras, consideramos que ha sido castigado y afligido por Dios..., y en Jesús, Dios encontró/ abrazó [*paga* en hebreo] nuestra torcida rebelión».

Cometí al menos un error significativo en *La cabaña*. La mayoría de las personas no notarán este pequeño detalle, pero a lo largo de los años, desde que escribí la historia, estoy cada vez más convencido de que se trata de un error. Si los guionistas ponen esto en la película, les pediré que lo cambien.

Mackenzie, el personaje central, ha vuelto a la cabaña, maltrecho tugurio en medio de la maleza. Éste es el posible lugar de la muerte de su hija y el punto focal de su gran tristeza. Llega aquí a confrontarse con el perpetrador o con el Dios de su linaje cristiano que ha permanecido distante y lejano y que no protegió a quien él tanto amaba. El Dios de su imaginación no se aparece, y Mack, enfurecido, destruye el lugar hasta que sus fuerzas lo abandonan. Grita su odio a Dios y declara que está acabado.

Al alejarse para volver a casa, sucede una transformación, no dentro de él, sino en su capacidad de ver. La cabaña de su tragedia parece haber sido reformada en un lugar habitable; escucha el sonido de una risa en el interior y vacilante se acerca al lugar de su devastación. Al alzar de nuevo el puño, pero esta vez para tocar, la puerta se abre y Mack se encuentra frente a frente con tres personas que no conoce.

Más tarde, cuando Mackenzie vuelve a entrar a la cabaña, mira el lugar en donde estaba la mancha de sangre de su hija, y ha desaparecido.

¡Error!

Debería seguir allí. Aun cuando trabajamos en medio de nuestra mayor tristeza, de nuestras pérdidas y traiciones, la evidencia de lo que hemos hecho o de lo que nos han hecho no desaparece. En cambio, forma parte de aquello en lo que nos hemos convertido. Así, en tanto que el mal nunca es justificado, es redimido y salvado de su propósito; se vuelve así una declaración de verdadera justicia.

Éste es Jesús: Dios se somete al instrumento de tortura y lo transforma en un ícono y monumento de la gracia, tan precioso que lo usamos en nuestros anillos o alrededor de nuestros cuellos. Este aparato de tortura declara que no hay nada que yo presente que sea tan malo o torcido como para que Dios no pueda subir a él conmigo. No hay nada tan mortal que Dios sea incapaz de hacer que crezca vida en ello. La cruz, uno de nuestros mayores intentos por destruir la Vida, se ha vuelto el símbolo más precioso de Dios, que es esperanza para todos.

18

Eso fue sólo
una coincidencia

Mientras que a los niños no se les enseña otra cosa, siguen creyendo que pueden hablar el lenguaje de Dios. No son deterministas atrapados en un destino evolutivo, tampoco son creyentes en el karma religioso; más bien, son participantes en una danza libre de formas, de misterio, aventura y relación. Ellos saben de forma intuitiva el lenguaje del placer. Si los adultos que los asisten se detuvieran y escucharan, podrían ser introducidos de nueva cuenta en el mundo de la maravilla a través de las bocanadas de asombro y los chillidos de sorpresa que tan fácilmente derraman los niños en cualquiera que desee ser tan brillantemente contaminado.

Aquellos de nosotros que hemos dejado atrás la infancia para convertirnos en adultos hemos perdido el arte de su lenguaje. Apenas lo recordamos o lo tenemos totalmente bloqueado. Pero Dios nos invita nuevamente a hacernos como niños porque, al hacerlo, comenzaremos a ver las maravillas del mundo que nos rodea: el reino de Dios. Es similar al don de entrar en un lugar prohibido, una cultura que es desconocida para ti, y tu primera tarea es aprender el lenguaje. Si no lo haces, por favor no esperes que nadie allí comprenda lo que intentas comunicar.

Dios nunca ha perdido su habilidad de hablar «niño». En su libro *Ortodoxia*, G.K. Chesterton escribe:

> Porque los niños rebosan vitalidad por ser en espíritu libres y altivos, de ahí que quieran las cosas repetidas y sin cambios. Siempre dicen: «hazlo otra vez», y el grande vuelve a hacerlo aproximadamente hasta que se siente morir, porque la gente grande no es suficientemente fuerte para regocijarse en la monotonía. Pero tal vez Dios sea bastante fuerte para regocijarse en ella. Es posible que Dios diga al sol cada mañana: «hazlo otra vez», y cada noche diga a la luna: «hazlo otra vez». Puede que todas las margaritas sean iguales, no por una necesidad automática; puede que Dios haga separadamente cada margarita y que nunca se haya cansado de hacerlas iguales. Puede que Él tenga el eterno instinto de la infancia, porque pecamos y envejecimos, y nuestro Padre es más joven que nosotros.

La infancia es una idea de Dios, y tiene un lenguaje de confianza plena y de placer, de diversión y sorpresa, de bienestar y ternura. Es el lenguaje de lo inexplicable y la coincidencia, en donde el significado se encuentra en la confluencia de partes dispares de la vida que se unen para formar una nueva sorpresa. Conforme nos volvemos adultos, Dios no deja de hablarnos en lenguaje «infantil», porque sigue siendo nuestra lengua originaria, aunque a veces olvidemos las palabras y perdamos ese toque de gozo de la maravilla. Tal vez una de las razones por las que, como adultos, nos gusta ir a ver películas animadas con nuestros hijos es porque nos recuerdan quiénes somos.

Dios es un experto en lenguaje. De hecho, el cosmos entero fue creado con una sola palabra. Pero, más que pedirnos que comprendamos el lenguaje de Dios, Él viene y habla el nuestro. De forma más específica, Dios habla *tu* lenguaje. Tú tienes un lenguaje único para ti, pensamientos y palabras que te hacen sonreír por dentro, reír cuando nadie más lo hace o llorar cuando quienes te rodean no lo hacen. A veces pienso que todos esperamos oír hablar a Dios en un lenguaje que pertenece a alguien más, y damos por descontada la posibilidad de que Dios conoce el nuestro. El nuestro es tan común, tan ordinario, tan usual, que lo trivializamos. Pero ¿por qué Dios, que viene a hablarnos, no hablaría nuestro propio lenguaje?

La coincidencia es firmemente una parte del lenguaje de un niño. Cuando nuestros niños crecían, nosotros y otra media docena de familias éramos visitados por los *leprechauns* en torno al Día de San Patricio, estos pequeños bromistas realizaban todo tipo de travesuras y aventuras divertidas —poner trampas, volver la leche verde, amarrar todos los zapatos juntos y crear un caos constante de trucos y búsquedas del tesoro antes de volver a Irlanda—. Parte de la maravilla es que los niños comenzaban a encontrar conexiones entre eventos que los adultos nunca habían orquestado.

Creo que Dios, que es bueno todo el tiempo, está involucrado en los detalles de nuestras vidas, hablando al niño que aún vive dentro de nosotros, aunque a veces esté profundamente dormido. Creo que estamos rodeados por un lenguaje de coincidencias, usualmente tan sutil que tendríamos que estar presentes y poner atención para ver y escuchar, pero otras veces es innegable su origen.

Uno de mis mantras es: «¡La coincidencia tiene un nombre!». No hay encuentros casuales; las desviaciones generalmente son destinos necesarios que no son simples o no están en *nuestros* planes. Parte de la participación con el flujo del genio redentor y la creatividad del Espíritu consiste en estar presentes para poner atención a la gloria y al gentil humor que nos rodea, incluso en medio de la profunda pérdida y agonía.

> ESTAR PRESENTES PARA PONER ATENCIÓN A LA GLORIA Y AL GENTIL HUMOR QUE NOS RODEA.

Recientemente estuve en una firma de libros en un centro comercial en Johannesburgo, Sudáfrica, y conocí a Susanna. El gerente me había hablado de ella, acerca de los muchos ejemplares de *La cabaña* que había comprado y cómo a través de ellos involucró a sus estudiantes de noveno grado. Algunos de sus alumnos venían de situaciones sumamente difíciles en su aldea de Soweto.

Susanna es sumamente tenaz, una veinteañera que rebosa firme compasión y cuidado, mientras que la luz se desliza por sus ojos y sus palabras cuando compartimos tiempo y abrazos.

Me pidió que le firmara y escribiera una nota en dos hojas en blanco para dos de sus estudiantes, una había intentado suicidarse apenas unos días antes, y la otra era su mejor amiga. Esta mejor amiga había presenciado cuando otra chica tenía éxito en su intento suicida. También le firmé otra página para toda su clase. Una de las estudiantes de Susanna había sido testigo del asesinato de su hermano en las calles, y todos estaban trabajando duramente para sanar los devastadores efectos de la guerra en su sentido de valor que había sido desintegrado por el abuso y las demoledoras circunstancias.

Algunas personas se habían reunido para el evento y era mi momento de hablar. Ese día, un poco antes, me habían dicho que haría una «lectura» de *Eva*, la novela que estaba por lanzar allí en Sudáfrica. En los pasados nueve años de firmas de libros y conferencias, sólo me habían pedido que leyera mis propios escritos dos o tres veces. No es algo que se haga con frecuencia. Tomé el ejemplar de mi publicista, Anje, y rápidamente hojeé las páginas mientras nos dirigíamos de Johannesburgo a Pretoria. Identifiqué dos secciones como posibilidades y esa tarde, al abrir el libro de *Eva*, opté por la segunda, una conversación entre Lilly, una chica de 15 años devastada, y Eva, la madre de toda la Creación.

Es un pasaje difícil pero cualquiera que haya experimentado una pérdida y una tragedia está listo para comprenderlo.

En esencia, es una simple pero profunda pregunta: «¿Por qué Dios no me protegió?».

Mientras leía, comencé a sentir un nudo en la garganta, la emoción inesperadamente subía hasta la superficie, mis pausas entre frases evidenciaban la dificultad que estaba teniendo para mantener la compostura. Siempre he sido curioso cuando esto ocurre. Nunca sé qué es lo que detona algo en mí —lo invisible dentro o fuera—. Fue una breve «lectura» y cerré el libro.

Después pasé la siguiente hora respondiendo preguntas y otra hora más firmando libros. Susanna esperó. Cuando finalmente nos sentamos juntos, abrió el ejemplar de *Eva* en la sección que había leído. Sus ojos estaban llenos de lágrimas.

—Para mí es sorprendente —me dijo, mientras miraba las páginas abiertas delante de nosotros— que hayas elegido este pasaje. De todo el libro, elegiste esto.

Esperé.

—Mira —continuó—, lo que tú no sabes es que hace unas semanas una de mis niñas se suicidó. Desde entonces se ha desatado un efecto dominó, y otras seis niñas han tratado de hacer lo mismo, incluida la chica a la que le escribiste la nota y la otra que presenció la muerte de su amiga. ¿El método? Saltaron de un edificio.

Yo ya estaba llorando, y entonces no había palabras, excepto ésas envueltas por las lágrimas y los abrazos. El pasaje que yo había elegido aleatoriamente, por casualidad, coincidentemente, por un capricho o por cualquier término que usemos para distanciarnos de la siempre presente actividad del Espíritu, contenía estas palabras de Lilly:

«Siento como que trepo una montaña que no tiene cima. Apenas me sostengo de la pared de roca. Tengo miedo y todos esperan que lo haga. Si no lo hago es como si todo el mal en el mundo fuera mi culpa».

Lilly inclina su rostro hacia el cuello de la mujer y le susurra, aguantando la emoción: «¿Qué pasa si no puedo hacerlo y lo suelto? O, si salto, ¿Dios me detendrá?».

«Lo hará, pero tú sentirás que has golpeado el suelo».

Rodeados, como estamos, por lo ordinario y lo extraordinario, en medio de lo mundano y lo inusual, muchas veces parece ser casual y sin propósito, pero yo estoy personalmente convencido de que no hay nada aparte de la perenne presencia y actividad de Dios. Confío en que la *coincidencia* tiene un nombre.

19

DIOS REQUIERE EL SACRIFICIO DE LOS NIÑOS

Vivimos en un mundo donde el sacrificio de los niños tristemente es común.

Hace unos meses me invitaron a una reunión de hombres y mujeres que representan décadas de misiones. Como niños, habíamos sido enviados a escuelas en el extranjero y a hostales porque nuestros padres estaban difundiendo el Evangelio. Haber sido criado de este modo era a la vez una bendición y una maldición para cada uno de nosotros; todos conocíamos el gozo de ser expuestos a diversas culturas, pero este gozo también se entrelazaba frecuentemente con las sacudidas por la separación de la familia. Casi todos nosotros habíamos sido enviados a escuelas en el extranjero a los seis años. Para mí, ahora, esto me parece inimaginable, pero en ese entonces para nosotros era lo esperado y era la norma. Era parte de nuestro deber; el sacrificio que hacíamos para que otros pudieran conocer a Jesús. Algunos de los asistentes a la reunión, cada uno de ellos precioso, estaban profundamente heridos, tanto que contaban las referencias verbales a Jesús o a Dios dentro de una conversación o discurso y, una vez que el número llegaba a seis, se paraban y se iban. Era simplemente demasiado doloroso.

Un *third culture kid*,[1] o chico misionero (TCK o MK), crece en una cultura diferente a la de sus padres. Era común que nos sacaran de nuestro mundo de infancia y nos depositaran de vuelta en la cultura de origen de nuestros padres —un lugar nuevo, completamente ajeno, con nuevas costumbres y lenguajes que aprender y a la que debíamos adaptarnos—. Cuando después volvíamos a los «campos de misión» —que eran nuestros primeros hogares—, descubríamos la tristeza de nunca haber pertenecido en verdad a ningún lugar.

Yo crecí en las montañas de Papúa Occidental, que cubre la mitad oeste de la isla de Nueva Guinea, justo debajo de Australia. Papúa Occidental antes era conocida como *Irian Jaya* y, antes de eso, como Nueva Guinea Neerlandesa. Mis padres, junto con un niño de un año de edad (yo), eran misioneros pioneros canadienses en «los lugares más lejanos de la tierra».

Las misiones cristianas tienen un accidentado pasado: lograron importantes y valiosos objetivos increíbles, pero al mismo tiempo fueron fuente de innegable miseria. Eran frecuentemente una espada de doble filo, que hería profunda-

---

1 «Chico de una tercera cultura», término acuñado por la socióloga Ruth Hill Useem. *[N. del T.]*.

mente en la vida de los propios hijos de los misioneros, al ser normalmente sacrificados en el altar de la difusión de la Buena Nueva del Evangelio de Jesús. El fin —la salvación— justificaba los medios, y la presencia de hijos era vista muchas veces como un impedimento para la misión; sus pérdidas eran costos necesarios para un «bien superior».

Aproximadamente 50 de nosotros estábamos sentados en un círculo en la reunión cuando pregunté: «¿Cuántos de nosotros tuvimos problemas y fuimos castigados y humillados por mojar la cama?». Al menos un tercio levantamos la mano, algunos ya de unos 60 y 70 años. Las historias eran compartidas con vergüenza y pena, muchas veces acompañadas de risas nerviosas que disimulaban lágrimas. Éste es sólo uno de los costos de ser un sacrificio vivo.

Unos años más tarde, nuestra nuera comenzó con el arduo proceso de adoptar a una niñita (Jael O.) de Uganda. Hay creencias brutales en algunas partes del mundo, y dos de éstas son que, si tú fecundas a tu propia hija, ésta será protegida de los malos espíritus, y que, si tienes sexo con tus hijos, estarás protegido del sida. Éste es un ejemplo en el que las buenas intenciones y la sinceridad no cuentan para nada. Está mal y es un abuso. Jael O. es hija de un incesto; su madre y su tía fueron ambas embarazadas por su padre. La tía de Jael murió en el parto a los 13 años, pero su madre sobrevivió al nacimiento de Jael a los 15 años. Jael no era deseada, era una niña abandonada y salvada de las calles por una gentil mujer ugandesa. Tenía un año y medio cuando nuestros hijos entraron en la vida de

Jael, viajando medio mundo para encontrarla después de un año de preparación y papeleo. Los obstáculos legales fueron importantes, y estuvieron dos meses en el país antes de que Jael pudiera estar con sus padres adoptivos.

Durante esas ocho semanas, seis pequeños niños se extraviaron en un radio de una milla de donde vivía Jael. Dos aparecieron en las calles, pero se presume que los otros cuatro fallecieron. Por 80 dólares americanos, puedes pagarle a alguien para que secuestre a un niño que será asesinado y sacrificado a los espíritus territoriales; las partes de su cuerpecito serán cortadas y quemadas en las esquinas de nuevas construcciones y negocios como protección contra las quiebras financieras. Los dos niños que sobrevivieron fueron circuncidados y, por lo tanto, suponemos que eran «imperfectos» para sus fines.

Si sacrificamos a nuestros hijos en los altares de la religión, de la nación, en pro del avance de la carrera, de la seguridad del trabajo, de la ganancia financiera o del progreso científico, ¿debe sorprendernos que tratemos de justificar nuestras acciones «viéndolas» en el personaje de Dios? Si es suficientemente bueno para Dios...

LA RELIGIÓN ESGRIME EL PODER DE JUSTIFICAR SUS ACCIONES BASÁNDOLAS EN LOS PROPÓSITOS Y EN LA VOLUNTAD DE DIOS.

Uno de los cuentos sobre Dios es que, a causa del pecado, Dios requiere el sacrificio de sus hijos para aplacar el sentido de indignación y su santa ira —Jesús es el último hijo sacrificado—. Bueno, si a Dios le gusta eso, ¿no tiene sentido que sigamos sus pasos? Pero sabemos intuitivamente que ese pensamiento está mal, desesperadamente mal.

Y he aquí donde yace uno de los impactos más terribles de la religión (o del patriotismo, o del nacionalismo, etc.). La religión esgrime el poder de justificar sus acciones basándolas en los propósitos y en la voluntad de Dios. Las Escrituras mismas no sólo se tornaron en la narrativa de pobres elecciones en el mejor de los casos, sino también de la perpetración de abusos horrendos.

Es innegable la abierta declaración de las Escrituras hebreas acerca de que Dios odia el sacrificio de sus hijos y se opone a cualquiera de sus formas. Pero una de las historias que *parecen* justificarlo es cuando Abraham casi sacrifica a su propio hijo, Isaac. El contexto amplio es una serie de traspiés por parte de Abraham en donde él trata de ayudar a Dios en un predicamento después de otro. Sin embargo, cada vez que él «ayuda», resulta un desastre; en cada fatalidad Dios le da a Abraham elecciones y trabajos creativos para sacar algo bueno de los escombros. Abraham ya despidió de casa a Ismael, cosa que lamentan profundamente tanto Dios como Abraham, pero entonces Dios le pide a Abraham que saque a Isaac de forma definitiva. Abraham está devastado. No discute más como cuando lo hizo por su sobrino Lot, no más mentiras como con el rey Abimelech, no más salir con sus recursos como respuesta a lo imposible. Parecía que este Dios podría no ser diferente a todos los demás después de todo.

La única religión que Abraham había conocido en Ur era la del apaciguamiento; de hecho, cada dios del planeta en aquella época requería sacrificios, ya fueran para pagar por un mal comportamiento o para mover la mano de la deidad para que actuara en beneficio de alguien. Lo mismo en África, Sudamérica o Centroamérica, Asia o el Medio Oriente, todos los dioses eran deidades que aplacar, y la religión era por mucho un sistema de control por la magia a través del sacrificio. La mitología del poder a través de las acciones ha devastado a la humanidad desde el inicio.

Lee de nuevo la historia de Abraham e Isaac (está en Génesis 22). Ésta no es la historia de Dios que pide el sacrificio del niño, sino todo lo opuesto. El punto central de la historia es que Dios se coloca en nuestra misma oscuridad y habla nuestro lenguaje a fin de revelar algo que no sabíamos: que este Dios *no* requiere el sacrificio del hijo. Abraham «llamó a aquel lugar con el nombre de El Señor Proveerá, como se dice hasta hoy: En el monte del Señor Proveerá» (Génesis 22:14). Entonces, si nosotros, la raza humana, requerimos un sacrificio, Dios proveerá a Sí Mismo.

El nombre de nuestra nieta, Jael, es un nombre fuerte que significa «el que asciende» (la cabra montés Ibex). Nuestro hijo y nuestra nuera le dieron un nuevo nombre, y Jael quedó como su segundo nombre. Eco de Isaac, el hijo prometido, nosotros la llamamos Maisy, que significa «hija deseada».

20

Dios es un Santa Claus divino

A veces es necesaria una crisis o una encrucijada para llegar al lugar en el que somos capaces de abandonar nuestra vieja y defectuosa comprensión sobre la realidad y comenzar a abrazar una nueva y mejor.

El autor y conferencista Brian McLaren declaró una vez lo siguiente: «Cada movimiento auténtico hacia Dios ha pasado por el ateísmo». Creo que lo que él quiere decir es que, conforme avanzamos en nuestro viaje y relación con Dios, descubrimos que Él no es lo que pensábamos. Tal vez debamos negar las percepciones erróneas y defectuosas que alguna vez atesoramos a fin de abrirnos al Dios que estamos logrando conocer.

A lo largo de los años, he conocido a muchas personas a quienes les resulta difícil soltar sus imaginaciones infantiles de Santa Claus. No es que crean en este cuento de hadas, desde luego; más bien, han proyectado sus nociones sobre Santa Claus en su idea de Dios. Déjame explicarme.

Todos hemos tenido visiones desviadas y muchas veces incoherentes sobre Dios, y la imaginería de Santa Claus nos ayuda a ver algunas de ellas. Pienso que hay dos formas básicas en las que tendemos a ver a Dios como un Santa Claus: como el Buen Santa Dios y como el Malo Santa Dios.

El Buen Santa Dios es maravilloso: está lleno de sorpresas y de diversión infantil, esconde regalos y disfruta nuestra anticipación conforme se acerca el día en el que finalmente abriremos lo que nos está esperando. Pero, aunque celebremos a ese Santa Dios, hay una sensación de malestar.

En 1930 fue escrita una canción de Navidad con un alegre ritmo que inadvertidamente desenmascaraba las razones detrás de esa angustia:

> Él sabe si has sido bueno o si has sido malo.
> ¡Por eso sé bueno, por el amor de Dios!

Es una amenaza de premio o castigo por tu comportamiento. No puedes esconderte de Santa Dios. Llorar no es bueno, así que no lo hagas. ¡Cuidado! Santa Dios tiene una lista, lleva el registro de tus errores; incluso está tabulada dos veces para asegurarse de recordar quién es «bueno» y quién es «malo». Santa Dios está observando todos tus movimientos, hasta cuando duermes. Santa Dios sabe si has sido malo o bueno, así que sé bueno..., ¿por qué? —¿cómo es esto de «por amor de Dios»? El autor tenía que poner algo que rimara—. La verdadera razón es que obtendrás una recompensa por tu buen comportamiento, comparado con los niños malos que no tendrán nada este año, lo cual es otra de estas sugestiones subliminales según las cuales los pobres que no tienen nada son malos.

DIOS PADRE NO ES UNA PERSONA DIFERENTE DE JESÚS, EL HIJO.

La respuesta que reciba de este Santa Dios depende de mi comportamiento. Peor aún, si sufro y pasan cosas malas en mi vida, ya sabemos de quién es la culpa: mía. Y ¿por qué? Porque seguro fui malo.

Para muchos de nosotros, el Buen Santa Dios está representado por Jesús: accesible, afable, un amigo que siempre busca nuestro bien de todo corazón. El Malo Santa Dios es nuestra imaginación de la oscuridad detrás de Jesús: Dios Padre, es Él quien exige un comportamiento perfecto y una conducta moral. Si nos comportamos adecuadamente, con rectitud y santo decoro, en última instancia seremos recompensados en la Gran Fiesta de Navidad en los cielos. Si no, y si fuiste malo, bueno..., es mucho peor que no recibir regalos.

Dios no tiene un desorden de identidad disociada. Dios Padre no es una persona diferente de Jesús, el Hijo. Dios no es Santa Claus. Santa Dios es una proyección de nuestras propias heridas y de la vergüenza delante del rostro de Dios, así como nuestro anhelo de que Dios sea la satisfacción de los deseos más profundos que residen naturalmente en el corazón de un niño.

Muchos de nosotros fuimos criados con nociones infantiles sobre Dios, algunas veces plantadas en los jardines de nuestras almas por otros que tenían las mejores intenciones. Pero esas ideas enraizaron y se volvieron creencias que continúan rondando nuestras mentes y nuestros corazones sin cuestionamientos. No te sorprendas cuando el Espíritu Santo comience a meterse en tu jardín y cave alrededor de cosas que por mucho tiempo consideraste preciosas.

Hay una escena así en *La cabaña*. Sarayu (el Espíritu Santo) y Mackenzie están cavando en el jardín. Al inicio, Mack desconfía, pero finalmente se une al trabajo sin comprender verdaderamente su propósito o sin saber que trabaja en el jardín de sus propios alma y corazón. Él responde a un cumplido de Sarayu:

—En realidad no hice gran cosa —dijo él, excusándose—: Mira este desastre... Aunque parece que aún hay mucho que hacer aquí, me siento extrañamente en casa y cómodo en este lugar.

Desenterrar nuestras imaginaciones atesoradas, traer las creencias a la superficie, puede ser doloroso y desorientador. Es un trabajo arduo, pero es bueno. Conforme las mentiras y las falsas imaginaciones sobre Dios se descubren, también lo hacen las raíces que están entrelazadas en nuestros pensamientos sobre nosotros mismos y sobre nuestro prójimo. ¡Más trabajo! Quitar la hierba es arduo, pero al final de la jornada es gratificante, incluso si el simple gozo es estar un poco más cómodos dentro de nuestra propia piel.

Nadie tiene una relación con Santa Claus, ni con el bueno ni con el malo. Santa Claus no existe, y no puede construirse ningún tipo de relación con una idea o constructo. El Santa Claus Bueno/Malo es una proyección de nuestra vergüenza, culpa, de nuestras vanas ilusiones; del deseo de ser importantes, recordados, amados y significativos. Él es un ícono, una ventana a través de la cual nos vemos a nosotros mismos, y a veces en nuestra falsa percepción imaginamos que estamos viendo a Dios.

Para comprender quién es *realmente* Dios, puedes comenzar por verte a ti mismo, dado que estás hecho a imagen suya. Todas las cosas que anhelas como verdaderas sobre quién eres tú —autenticidad, bondad, paciencia, integridad, nobleza, pureza de corazón— son todas cualidades de Dios a cuya imagen fuiste creado. Aunque quizás estas cualidades no sean tu experiencia, siguen siendo tu anhelo y tu más profundo deseo. Mejor aún, mira a Jesús, el ser humano que es la encarnación de la personalidad y naturaleza de Dios. Cuando comencemos a andar hacia la Luz y la Vida de la bondad de Dios, nuestra necesidad de sustitutos imaginarios como Santa Claus, rápidamente desaparecerá, y descubriremos que la vida real, incluso en su sufrimiento, es mucho más satisfactoria que la vida imaginada.

21

LA MUERTE ES MÁS PODEROSA QUE DIOS

Hace unos meses estaba sentado con unos amigos en el restaurante de un hotel, cuando surgió el proyecto de este libro. A esas alturas del proceso, yo estaba explorando palabras que Dios nunca diría, y me pidieron que les pusiera un ejemplo. La que escogí en ese momento, aunque provocadora, fue una en la que llevo largo tiempo pensado y sobre la que he trabajado; por eso probablemente me vino a la mente en primer lugar.

Dios nunca diría: «Siento mucho que hayas muerto. No hay nada que pueda hacer por ti ahora. Gana la muerte».

Por favor, ten presente que yo estaba hablando con amigos, buenos amigos. Ellos me aman a mí y a mi familia. Ellos aprecian mucho mis novelas, *La cabaña*, *La encrucijada* y *Eva*. Me han escuchado hablar en múltiples ocasiones y siempre me han alentado. Son comprometidos, considerados y articulados.

—¿Qué quieres decir, Paul?

—No pienso que Dios vaya a decir eso cuando mueres: que tu destino está sellado y no hay nada que pueda hacer por ti.

—¡Pero si eso es verdad!

—¿Qué es verdad? —pregunté, comenzando a sentir que la conversación iría en una dirección totalmente inesperada. Lo que debía de ser un simple ejemplo se estaba volviendo un tema central.

—Es verdad que una vez que mueres, se acabó. Tu destino está sellado, tu destino eterno fue cerrado.

La intensidad de la respuesta indicaba que me había metido en aguas consideradas sagradas. Mi intención no hizo ninguna diferencia. Me había parado encima de una mina terrestre. En ese momento, uno de los amigos declaró: «¡Oh! Necesito hablar con alguien» y se alejó antes de que la tensión incrementara.

Déjame hacer una pausa en medio de la historia para aclarar un par de cosas importantes. Hay ciertas ideas que asumimos que son ciertas porque no han sido sometidas a prueba por la vida. Por ejemplo, cuando enfrentamos una tragedia, a veces actuamos como si la tragedia fuera más grande que Dios, aun cuando no creamos que sea verdad. Nos desconcertamos ante la inseguridad financiera, aunque decimos que Dios es confiable. Decimos que Dios, que es Vida, es más grande que la muerte, pero nos aterra enfrentarnos a ella. Es también obvio que no sé todo y que ese diálogo es un regalo que me ayuda a trabajar ideas. Todos somos provocados cuando una suposición parece estar amenazada, cuando comenzamos a sentirnos a la defensiva, cuando una idea es desorientadora por razones que residen en nuestro pasado o en nuestro viaje.

De vuelta a mi conversación. Elegí cuidadosamente mi siguiente pregunta:

—Para ser claros, ¿tú no crees que tengamos ninguna alternativa *posmortem*, después de morir? ¿No piensas que podemos cambiar de opinión?

—¡Desde luego que no puedes! Ésa es la razón por la que debes elegir a Jesús como tu Salvador durante esta vida. Una vez que mueres, ya no puedes cambiar de idea.

Me di cuenta de que no sólo me había parado sobre una mina terrestre, sino que inadvertidamente detoné un montón de bombas. Si iba en una dirección, habría una explosión en otro lugar. ¿Qué debía hacer? Busqué una pregunta en la que pudiera enfocarme. No me ayudó.

—¿Es posible que el objetivo del Juicio sea ayudarnos a aclarar las mentiras que nos impiden hacer una elección clara?

—¿Estás diciendo que no crees en el infierno?

—Déjame preguntarte esto: ¿crees que el amor y la relación son posibles sin elección? Yo pienso que un amor coercitivo no es amor para nada, y el amor sin la opción de decir *no* es imposible. ¿Estás de acuerdo?

—Sí, pero debes hacer la elección ¡mientras estás vivo!

—Pero eso significa que el amor y la relación terminan con la muerte. Eso significa que la muerte define todo.

—No puedes elegir después de morir. Puedes lamentarte de las elecciones que hiciste, pero no puedes cambiarlas.

¿ES POSIBLE QUE EL OBJETIVO DEL JUICIO SEA AYUDARNOS A ACLARAR LAS MENTIRAS QUE NOS IMPIDEN HACER UNA ELECCIÓN CLARA?

—¿Qué pasa si yo nunca supe que tenía una elección o no viví lo suficiente para hacer esa elección? ¿Qué tal si tengo una enfermedad mental y mi mente está fragmentada? ¿Qué pasa si muero en el vientre de mi madre?

—Hay una gracia especial para esas personas.

—Entonces, ¿por qué Dios no me aflige con una enfermedad mental para que pueda obtener una gracia especial?

En ese momento mi amigo estalló en llanto.

—¿Por qué lloras? —le pregunté.

—Porque pienso que es realmente muy peligroso. Estoy preocupado por ti.

Mira, es que mi amigo me quiere. Realmente me quiere. Como lo que yo proponía no era posible que estuviera bien, yo estaba en riesgo potencial no sólo para mí mismo, sino también para muchos otros. Puede que tú sientas lo mismo.

La vida es plena con la necesidad de este tipo de conversaciones, por más difíciles que puedan sentirse en el momento. El hierro afila el hierro, pero como siempre ha dicho mi amigo Jerry, «... si el ángulo es el correcto», así que, aunque expuse mi punto a mi amigo que no estaba de acuerdo, o lo expongo aquí en este capítulo, quiero que el ángulo sea el correcto.

Creo que la idea de que en el momento de la muerte física perdemos nuestra capacidad de elegir es una mentira significativa y tiene que exponerse; sus implicaciones son miles y de gran alcance. No estoy proponiendo que la vida y la muerte sean fuerzas opuestas iguales. La muerte es nada comparada con la Vida; de hecho, es la ausencia de la Vida. Dios es Vida, Luz y Amor; Dios no es muerte, oscuridad, miedo o cadenas. Lo que estoy sugiriendo es que el amor y la relación son posibles sólo cuando tenemos la capacidad de elegir.

Creo que el mal existe porque damos la espalda a nuestra relación cara a cara con Dios y porque elegimos decirle no a Dios, a la Vida, a la Luz, a la Verdad y al Bien. Dios, con todo el respeto y la reverencia, se somete a nuestra elección aun cuando se opone a ella. Dios, que es Amor, no sólo nos permite nuestra elección, sino que se reúne con nosotros en nuestra humanidad a fin de salvarnos de nuestras elecciones dañinas y destructivas. Dios ha recorrido distancias increíbles para proteger nuestra capacidad de decir no, incluso si esa libertad ha producido indecible dolor y pérdida.

Si Dios (que es Vida) ha recorrido tales distancias para proteger nuestra capacidad de decir no, ¿por qué pensamos que el evento de la muerte tiene el poder de arrancarnos nuestra posibilidad de decir sí?

O para decirlo de otra forma: si nuestra habilidad de elegir es la razón de toda la devastación del cosmos, y si esa libertad se nos arrebata *posmortem*, ¿por qué Dios no simplemente nos la quita desde un inicio? Dios podría haber evitado toda esta terrible tragedia.

Propongo que el evento de la muerte introduce una crisis (*crisis*, palabra griega, como en «Día del... Juicio»), un proceso restaurativo encaminado a liberarnos para correr a los brazos del amor.

Creo que los niños y los enfermos mentales serán los primeros en reconocer el Amor como Dios es y danzarán en el Incesante Abrazo del Amor Eterno. Creo que los devastados y dañados, los rechazados y quienes sufren abuso están más listos para elegir al Dios del Amor que nosotros, los religiosos. La historia de Jesús revela claramente que los religiosos han sido siempre el reto más grande, pero incluso para nosotros, la Vida es más grande que la muerte.

22

DIOS NO ESTÁ INTERESADO EN MI SUFRIMIENTO

Cuando era estudiante de preparatoria, Maggie regresaba de su carrera matutina y fue separada de su equipo de *cross-country*. Fue raptada por un hombre, arrastrada detrás de un edificio y violada dos veces. Luego, fue estrangulada y enterrada bajo la hierba, sin cubrir. Le dispararon cinco veces con una pistola calibre .22, después la abandonaron para que muriera.

En un correo que me escribió, Maggie dijo que ella...

...sabía exactamente lo que se siente tener la paz de Cristo en ti cuando está sucediendo todo un infierno a tu alrededor. A pesar de que no sabía de dónde provenía esta vez, nunca olvidaré la «calma» que me envolvía conforme transcurría la mañana. Sí, estaba absolutamente aterrada mientras me sucedía una cosa terrible tras otra, sin saber si llegaría viva al final del día. Sin embargo, lo que superó el miedo fue esta «calma» que comencé a sentir. Tal como lo describe Jesús a Mack en tu libro (*La cabaña*), la Trinidad me calmó y me aseguró que de algún modo todo estaría bien. ¿Cómo conocería tal paz? Sólo alguien que ha «estado allí» en ese tipo de circunstancias sabe cómo es tener la paz de Jesús cuando estás viviendo el infierno. Incluso cuando me disparaba, Dios me acompañaba y tenía Su mano en mi alma, diciéndome que me quedara en mi cuerpo y asegurándome que mi alma estaba en un cuerpo que sería capaz de resistir lo que le estaba sucediendo.

Maggie sobrevivió y participó en las competencias atléticas de la preparatoria, a pesar de que tres balas se quedaron alojadas permanentemente en su cuerpo.

¡Sufrimiento! ¿Es posible el amor sin sufrimiento?

A primera vista, la respuesta podría ser no, ya que ¿quién de entre nosotros no ha experimentado el empalme entre amor y sufrimiento? Parece que todo riesgo de amor implica el inminente potencial —si no es que inevitable— de la pérdida, con el consiguiente sufrimiento. Estamos rodeados e inmersos en él, con nuestros padres e hijos, con nuestras amistades y conocidos, así como en los estruendosos titulares de las noticias, donde presenciamos inequidades raciales y de género, y las duras situaciones de los pobres. Estos temas son centrales para las historias que vemos en los teatros y en nuestros dispositivos. ¡Sufrimiento! Está por doquier..., y también el amor. En un mundo que está dividido ideológica, religiosa, política, étnica, social y financieramente, etc., nosotros como seres humanos compartimos al menos estas dos cosas: amor y pérdida. Y el amor y el sufrimiento parecen inextricablemente unidos. De modo que, volviendo a la pregunta, ¿puede existir el amor sin sufrimiento?

Otra querida amiga me llamó hace poco y hablamos de lo que parece ser una avalancha de pruebas y dificultades que nos rodean a nosotros, a nuestras familias y amistades. Cáncer, enfermedades mentales, muerte, crisis financieras, desintegración de relaciones; la letanía parece interminable. Ella y yo tenemos una historia religiosa en común en donde la espiritualidad se expresa muy seguido en términos militares. Nos dijeron que fuimos alistados en una invisible guerra espiritual en la que estamos más bien a la defensiva, buscando las palabras mágicas y las fórmulas para detenerla y ganar. No digo que no existan las batallas espirituales —sí que existen—, pero muchas veces es más fácil culpar a las fuerzas oscuras que hacernos cargo de la oscuridad que nosotros, como seres humanos, hemos traído a colación. Mi amiga me preguntó:

—¿Es éste un ataque específico? ¿Como somos gente de oración se está desatando un infierno?

—No. Estas pérdidas están por doquier. Estamos rodeados por la aflicción común a la humanidad. No está dirigida a nosotros de forma especial. No estamos sufriendo porque seamos mejores o peores que otros; experimentamos dolor y pérdida porque vivimos en un mundo roto hecho por humanos que son tal como nosotros. Además —continué—, nos estamos haciendo viejos y nuestro marco de referencia relacional se ha expandido y profundizado, tal como nuestra presencia en medio de la pérdida. Creo que el sufrimiento es propio de la encarnación. Porque Jesús habita dentro de nosotros mientras presenciamos las heridas y pérdidas de nuestro mundo roto, participamos con y en Dios (Juan 14:20).

Entonces... ¿puede existir el amor sin sufrimiento?

¡Sí! Antes de la Creación, el amor sin sufrimiento siempre estaba presente en la relación del Padre, Hijo y Espíritu Santo. El sufrimiento no es intrínseco al amor. La sumisión es intrínseca al amor, pero no el sufrimiento. La pérdida y el sufrimiento fueron introducidos en el cosmos por nosotros, los seres humanos, y, ya que fuimos creados en Cristo, el sufrimiento fue enteramente abrazado por Dios.

En la sombra del rechazo de Adán a la Vida, él introdujo la muerte en el cosmos. Como cada uno de nosotros en nuestras elecciones y acciones continuamos dando la espalda a la Vida, afirmamos el lazo profundo que la muerte tiene sobre nosotros. La muerte está siempre acompañada por el sufrimiento. Pero Dios se niega a estar ausente de su Creación e infunde nuestro sufrimiento con Presencia y Amor.

En términos generales, la comunidad global de seguidores de Jesús constituye un tercio de la humanidad. Cuando entramos en el Fin de Semana de Resurrección (Pascua), casi puedes oír cómo la respiración colectiva se detiene. En el Viernes Santo, la muerte toma a la humanidad por el cuello. Pero la Vida la alcanza y empuja a la muerte en un incesante abrazo, llenándola de Vida, donde aquélla se extingue en el Amor. El sábado, en el valle de las sombras de la muerte, Jesús toma por asalto el lugar de la muerte, y en la mañana de Resurrección levanta a toda la humanidad en Su Vida.

> DIOS SE NIEGA A ESTAR AUSENTE DE SU CREACIÓN E INFUNDE NUESTRO SUFRIMIENTO CON PRESENCIA Y AMOR.

Cuando Dios encuentra nuestra humanidad, también entra en nuestro sufrimiento, y cuando experimentamos sufrimiento, encontramos la humanidad de los otros. El milagro es que la vida florece de la muerte, la flor se abre paso en medio del concreto y la belleza surge de las cenizas.

En mi vida ha habido sufrimiento que no quería y que no pude controlar. Algunas cosas, como la inocencia de mi infancia, me fueron arrebatadas. También experimenté sufrimiento que me busqué yo mismo y que lancé sobre la gente que me rodea. Estando yo mismo roto, comencé a romper cosas. El sufrimiento es una invitación a ser reales y también a identificarnos con la humanidad; es un fuego que quemará lo falso para que la verdad pueda emerger.

En *La cabaña*, Mackenzie pasa un fin de semana descifrando su mundo y desde las profundidades de su sufrimiento llega la transformación, no sólo para él mismo, sino que se extiende a todos en su mundo. Ese fin de semana representa 11 años de mi vida. ¿Quién habría pensado que el trabajo de desmantelar el quebrantamiento de mi cabaña personal terminaría siendo un inesperado libro que ha tocado la vida de tantas personas alrededor del planeta? ¿Quisiera pasar por el proceso de nuevo? ¡Definitivamente no! Pero agradezco cada día por cómo el sufrimiento me cambió, permitiéndome participar más plenamente en las pérdidas de otros y volviéndome más libre de amar a fin de ser más vivo y más humano.

En nuestra experiencia temporal, el Amor no puede existir sin sufrimiento hasta que el último vestigio y la última pizca de muerte hayan sido totalmente erradicados. Tal vez así quienes crecemos en nuestra relación con Jesús podamos elegir estar presentes en medio del sufrimiento de otros tanto como en el nuestro, y participar en el perenne y activo Amor de Dios.

23

Nunca encontrarás a Dios en una caja

Tengo una herencia religiosa. Gran parte de ella ha sido profundamente útil, en verdad. Parte de ella fue devastadora y ha tenido que ser desarmada y desaprendida. Por haber sido criado dentro de esta «caja», algunos elementos parecían desafortunados en su momento, pero después resultaron ser un bien. Déjame darte un ejemplo.

Yo pagué mi universidad con la ayuda de becas, fondos, la caridad de algunos y un poco de trabajo a la antigua. Mi familia no era financieramente capaz de ayudarme. Ellos oraban. En retrospectiva, eso era más que suficiente.

Mis primeros tres años como estudiante los pasé en una prestigiosa universidad de estudios de la Biblia en Saskatchewan, en la parte centro occidental de Canadá, donde trabajaba para obtener un grado en Teología. Aunque pueda sonar totalmente contradictorio, encontré trabajo en la CKCK Radio, en Regina, como *disc jockey* de *rock and roll* en el turno de las seis de la tarde a la media noche y pude ayudarme a pagar mi beca y mis gastos. La escuela se hacía de la vista gorda, en parte porque sacaba buenas calificaciones y en parte porque yo era un Chico de una Tercera Cultura, un Chico Misionero acorde a su confesión.

Pero no me gradué de esa escuela. Al final de mi tercer año, aunque era el presidente de la clase y participaba en actividades atléticas y comunitarias, cuando presentaron la lista de becas y ayudas sospechosamente mi nombre ya no estaba. Había tres criterios básicos para el apoyo económico: logro académico (sí), necesidad financiera (sí) y madurez espiritual (eh... ¿sí?). Algunos amigos fueron a la administración escolar a preguntar si había un error. La respuesta de la administración fue: «Hemos determinado que Paul no es una buena inversión para nuestra confesión».

Tenían razón. Yo no era una buena inversión, así que no me gradué de esa institución. En cambio, me fui al agreste norte de Alberta, a un proyecto de extracción petrolera de Syncrude, un campamento con 6.000 hombres, donde pude ganar todo lo necesario para pagar mis deudas y ahorrar. De allí me fui a Los Ángeles para continuar mi educación, llegué a un cruce de caminos en Oregón, conocí a una mujer y he vivido con ella desde entonces. Parte de la gracia de haber sido rechazado de la escuela fue que me casé con Kim, algo por lo que siempre estaré agradecido. Pero eso sucedió años antes de que yo pusiera un pie en la puerta de mi propia confesión.

Crecí en un mundo de cajas: *nosotros y ellos, adentro y afuera, valioso y no valioso, creyente e incrédulo, salvado y no salvado*, y así sigue la lista. Cajas, Jaulas. Ésos de Pentecostés. Esos bautistas. Esos musulmanes. Ésos del *new age*. Esos taoístas.

Creamos miles de formas de categorizar y mantener a los otros a distancia, darlos por descontado, marginarlos, usarlos o manipularlos. Y con esas cajas creamos identidades para nosotros mismos, basadas en generalizaciones e insinuaciones.

Pero la religión no tiene un puesto en el mercado para tratar de construir cajas. Los sistemas socioculturales, políticos, científicos y económicos hacen todos lo mismo. A veces las cajas son útiles y necesarias. Lo son cuando sirven para distinguir un catarro de un tumor cerebral. Otras veces, las cajas y las categorías llevan a genocidios y abusos horrendos, diabólicos, por ejemplo. Tristemente, algunos de estos catastróficos hechos son perpetrados en nombre de Dios o del humanismo, o están motivados por la ambición. Olvidamos que nosotros, los seres humanos, somos más importantes que las categorías.

Cuando los lectores me dicen que mis escritos los han ayudado a sacar a Dios de la caja, entiendo lo que dicen. Me sorprende que lo que he ofrecido haya dado forma a la tierra santa de sus historias y haya retado potenciales falsas imaginaciones sobre Dios y la Creación, incluyendo la humanidad.

Pero debemos ser cuidadosos cuando dejamos atrás las cajas. Cuando lo hacemos, frecuentemente nos vemos tentados a construir otra y a meternos en ella. Es fácil volverse arrogante y farisaico de nuevo y referirnos a las personas que siguen dentro de la caja que apenas dejamos como «esas» personas. Involuntariamente seguimos participando en la división de los seres humanos en clasificaciones para control y juicio. Peor aún, podemos asumir que Dios dejó la caja cuando nosotros lo hicimos y que «esas» personas existen en un lugar donde Dios ya no está activo.

Nuestra arrogancia es que podemos construir algo, una caja, que puede dejar a Dios afuera. Dios nunca ha respetado las cajas que construimos. Parece que Él trata nuestras preciosas cajas como si no fueran reales. ¡Imagina eso! Peor, cuando queremos que Dios le ponga el sello de aprobación de la casa celestial a nuestra propia caja, tiene la audacia de ir y rodearse con la gente de «esa» otra caja. ¡Qué osadía! La verdad es que todos los aspectos de la verdadera libertad que se han vuelto parte de mi vida siempre son asistidos por una mayor capacidad de amar, aceptar, acoger y respetar.

> «LA ÚNICA VEZ QUE ENCONTRAREMOS A DIOS EN UNA CAJA SERÁ CUANDO DIOS QUIERA ESTAR DONDE NOSOTROS ESTEMOS».

He aprendido muchas cosas en la vida y algunas de ellas son profundas, al menos para mí. He aquí una de ellas, una simple declaración que siempre me lleva a una visión más amplia: «La única vez que encontraremos a Dios en una caja será cuando Dios quiera estar donde nosotros estemos». Y eso es todo el tiempo.

Por cierto, esa escuela de la que te hablé, de la que no me gradué, bueno, un par de décadas después de que salí, cerró sus puertas y reabrió un campus totalmente renovado en Alberta. Yo fui el primer orador.

Dios es una fuente de humor, ¿no crees? Después de que hablé y conté esta misma historia, un joven se me acercó sonriendo, tatuado y con *piercings*.

—Bueno —rio—, las cosas han cambiado mucho por aquí.

—Cierto —respondí, y le di un gran abrazo—, todos hemos cambiado.

24

No todos son hijos de Dios

He aquí la pregunta básica: ¿son todos los seres humanos hijos de Dios o sólo algunos de ellos?

Por medio de mi amigo Jim Henderson, conocí a Matt Casper en la conferencia de escritores en San Diego. Matt es un ateo declarado. Una de las primeras cosas que me dijo fue:

—Paul, sabes que no soy creyente, ¿verdad?

—No, no lo eres —respondí.

—Sí, sí lo soy —insistió casi como si lo estuviera ofendiendo.

—Mira, creer es una actividad, no una categoría. En todo caso, yo provengo de la gente que hace las categorías y, francamente, la mayoría de nosotros luchamos con la fe y la confianza. No hemos sido capaces de encontrar el «fedómetro», el aparatito que te pegas a la cabeza o al corazón y te dice qué tan creyente eres o si es suficiente para que estés «dentro».

Por un momento me miró sorprendido, pero luego rio:

—¿De qué estás hablando?

Yo reí también.

—No importa en realidad. Entonces, dime, Matt, ¿en qué crees?

—¿Quieres que te diga en qué creo? La mayoría quiere que hable de lo que no creo. Déjame pensar —hizo una pausa antes de responder—. Creo en la forma en la que amo a mis hijos. Paul, no sabía que yo tuviera la capacidad de amar así hasta que tuve a mis propios hijos. Sin duda me pondría delante de una bala por ellos, o tomaría su dolor si pudiera.

—Matt, obviamente no estás hablando de amor romántico. ¿Sería correcto describir este amor en el que crees como un amor centrado en el otro, entregado?

—Es exactamente así.

Hablamos durante una hora. Resulta que Matt no sólo cree en el Amor, sino también en la Vida y en la Verdad. Nada mal para un no creyente.

¿Pero eso lo hace un hijo de Dios?

No, eso no lo hace: él era ya un hijo de Dios.

Puedo casi escuchar que alguien por allá atrás dice: «Bueno, todos son hijos de Dios en el sentido de que todos son creados por Dios, pero...».

Y aquí viene la racionalización y la justificación para crear otra caja, otra forma de dividir a la gente en categorías de valor.

En nuestra familia, nuestros hijos asumen correctamente, que son... nuestros hijos. Ellos son parte de nosotros porque son una expresión de nosotros. Su propia existencia es el único requisito para ser nuestros hijos. No deben hacer nada para serlo y nada de lo que hagan los descalifica para ello. Más aún, no deben creer que son nuestros hijos para que ello sea verdad. Incluso si uno de nuestros hijos decidiera no volver a hablarnos nunca más, esa elección no tendría el poder de cambiar su identidad fundamental de hijo o hija. ¿Tendría un impacto en nuestra relación? Sí. ¿Cambiaría su identidad? No. No pueden negar que son nuestro hijo o hija; pueden incluso ir a la Corte para que les cambien el apellido. Lo siento, pero no tienen suficiente poder para cambiar la verdad de quiénes son, aunque su elección afectará su experiencia sobre esa relación.

En el Nuevo Testamento, Hechos de los Apóstoles 17:28-29, el apóstol Pablo escribe: «En Dios vivimos, nos movemos y existimos, como algunos de tus propios poetas han dicho: "Porque somos también de su linaje". Sí somos, pues, del linaje de Dios...». Y en Efesios 4:5-6: «Un Señor, una fe, un bautismo; *un Dios* y *Padre de todos*, el cual es sobre todos, y por todos, y *en todos*» (énfasis mío).

Cada ser humano que encuentras, con el que interactúas, ante quien reaccionas y respondes, lo trates con rudeza o con amabilidad y compasión, es hijo de Dios. Si consideramos que somos todos miembros de una familia, ¿podríamos tratarnos con más consideración y con amabilidad? Cada ser humano es mi hermano, mi hermana, mi madre, mi padre..., un hijo de Dios.

CADA SER HUMANO QUE ENCUENTRAS, CON EL QUE INTERACTÚAS, ANTE QUIEN REACCIONAS Y RESPONDES, LO TRATES CON RUDEZA O CON AMABILIDAD Y COMPASIÓN, ES HIJO DE DIOS.

Hace un par de años recibí una llamada de Matt. Quería saber si podría escribir un prólogo para un libro que él y Jim estaban escribiendo juntos, llamado *Saving Casper*.

—Debes saber que sigo siendo ateo —dijo.

—Está bien —respondí—. Yo sigo siendo canadiense.

El prólogo que escribí y envié al editor fue corregido y me lo reenviaron para revisión. Me produjo una carcajada. Envié un correo a Jim y a Matt para contárselo: «Tal vez no soy la persona adecuada para este proyecto», les dije, y les ofrecí dejarlo.

El buen Matt pensó que me había ofendido por la respuesta del editor y me llamó, tanto para darme ánimo como para encontrar una forma de allanar las diferencias. En esa conversación dijo algo con el corazón más puro y con tan buena intención que me hizo reír, pero me sacudió: «Paul, a Jim y a mí nos encantó tu prólogo original y, aun cuando no estamos de acuerdo con el editor, pensamos que hay una forma de encontrar una solución intermedia. Debes recordar que estamos lidiando con cristianos. Se hace poco a poco».

¡Así es!

¿Ves lo que sucedió a lo largo de este breve capítulo? ¿Lo sientes? Matt Casper, un ateo, se volvió un humano ante tus ojos. Él es un buen hombre, que ama a sus hijos, que cree en el Amor, en la Vida, en la Verdad, es ingenioso, amable y compasivo.

Jim tiene un dicho: «La relación rompe las reglas». Tiene razón. Cuando alguien se vuelve un humano y no una categoría en una caja, todo cambia. ¿Qué tal si no vemos al otro sólo como un humano sino también como otro hijo amado de Dios?

25

DIOS ESTÁ DECEPCIONADO DE MÍ

La mayoría de nosotros sabe lo que se siente ser devorado por el abismo de la decepción, especialmente ante los otros. Cada niño anhela escuchar: «Estoy orgulloso de ti», no por su comportamiento, sino simplemente por existir. Las siguientes declaraciones resuenan poderosamente y tienen un tremendo impacto:

Tú me perteneces y yo te pertenezco.
El universo es mejor porque tú estás en él.
Te amo.
Soy especialmente afecto a ti.

Mi padre estaba siempre decepcionado de mí. Al menos eso es lo que yo sentía de niño, y por lo mismo eso era lo que yo creía. En realidad no sé si estaba decepcionado o no. No hemos tenido todavía esa conversación.

Hay muchas formas de avergonzar a los hijos y, tristemente, muchos de nosotros conocemos esa forma de experiencia. Palabras crueles y declaraciones severas llenas de juicio trastornan las pequeñas almas con sus ataques:

Eres desagradable.

Eres una zorra.

Nunca lograrás nada.

Eres un idiota.

Después de todo lo que he hecho por ti...

Yo era feliz hasta que apareciste.

Yo quería un niño.

Desearía que nunca hubieras nacido.

Además, está el desmantelamiento que ocurre a través del abuso sexual, donde el tejido del alma se desgarra al destrozar los límites mediante erradas distorsiones de la intimidad. La disonancia cognitiva, cuando un niño tiene que enfrentar valores y creencias en conflicto, puede ser tan profunda que la mente crea alternativas y personas disociadas para albergar el sobrecogedor choque y los atroces secretos en su interior, generados por abusadores en quienes se debería poder confiar.

Los niños que se han visto expuestos a este tipo de mentiras encuentran formas de sobrevivir a través de la violencia hacia otros, del autocastigo, de las adicciones; o bien, se encierran en sí mismos y mueren. Creen que todo el mal en el mundo es su culpa. Los niños que sufren abusos no pueden procesar que sus padres estén errados, o que estén perdidos, o que no posean la capacidad de amar sin dañar. Frecuentemente, un niño que padeció abuso cree que la rabia que se vuelca sobre él es merecida y que las palabras crueles son verdad.

Pero hay otra forma devastadora de avergonzar a un niño, y ésa es el silencio. Gestos como voltear la cara y la leve desaprobación con un suave movimiento de cabeza antes de cerrar la puerta dejan al niño total y completamente solo, aplastado por la silenciosa mirada de desaprobación.

Tendría unos seis años cuando mi madre obligó a mi padre a llevarme con él a una de sus misiones en la jungla. Era mi primera vez y, aun cuando podía sentir su enojo, anhelaba ganármelo. Apenas estuvimos fuera de la vista del complejo, comenzó a andar sin decirme una palabra, dejándome atrás mientras yo trataba de correr rápido para alcanzarlo, llorando y llorando y llorando. Recuerdo ese día como si fuera ayer, el punto blanco de su camisa desaparecía y reaparecía y se hacía cada vez más pequeñito. No recuerdo haberlo encontrado. La devastación de no ser aceptado pareció definitiva.

No sabía que mi madre padecía depresión. Todo lo que sabía era que su puerta estaba cerrada y podíamos oírla llorar. A veces desaparecía durante meses. Yo era el mayor y sentía que su tristeza era mi culpa, yo sabía que era una decepción.

Para muchos, la vida en sí misma es una serie de decepciones. Las cosas no salen como quisiéramos. Las circunstancias parecen estar en nuestra contra y algo sale de la nada para derribar aquello por lo que tan duramente habíamos trabajado. Lo inesperado lo borra tan rápidamente como si fuera un huracán, una inundación, una decisión política, financiera o moral.

Conforme maduramos, comenzamos a discernir la diferencia entre *decepción* y *duelo*. El *duelo* es una respuesta sana ante la pérdida. Además de atravesar el duelo por la pérdida de alguien a quien amamos, podemos vivir el duelo cuando un deseo, esperanza u oración no se ve satisfecho de la forma en la que imaginábamos, o no del todo. A veces nuestro duelo se expresa como arrepentimiento, a través del cual aceptamos y comprendemos nuestra participación en las pérdidas de nuestras vidas, especialmente las pérdidas que ocasionamos a otros. El duelo está incrustado en la vida real, en la pérdida real.

En general, la *decepción* se enfoca en nuestras expectativas e imaginación. Yo espero que tú te comportes de un cierto modo, espero un resultado específico, esperaba haber logrado (llena el espacio en blanco), que mi vida fuera diferente o trabajar en ese campo que realmente me gusta. Alimentadas por imágenes de los medios, las expectativas son, en su mayoría, decepciones potenciales y construidas por la imaginación o la ilusión. Ahora bien, comprendo el poder positivo de la visualización y los beneficios neurológicos de la meditación, pero no estoy hablando de eso. Hablo de imaginar resultados que no pueden materializarse. Precisamente por eso Dios nunca se decepciona de ti. Dios no tiene esas imaginaciones o ilusiones. Dios te conoce, total y completamente, con un afecto incesante. No sorprendes a Dios. Dios se deleita en ti, como tú te deleitas en tus propios hijos; Dios también sufre por y contigo cuando actúas dentro de tus mentiras y tu oscuridad —*pero no porque Dios espere más de ti*—. Dios es un participante totalmente comprometido, presente de forma profunda en las actividades que ocurren dentro de su más alta creación: tú. Dios te conoce por lo que eres en verdad; por eso sufre por la distancia entre la verdad y lo que crees sobre ti mismo. Desde ese abismo de oscuridad y mentiras, proyectamos la desilusión de Dios y su abandono.

Dios nunca se decepciona de ti; para empezar, Dios nunca ha creado ilusiones sobre ti.

Dios nunca se decepciona de ti; Dios no tiene expectativas.

DIOS NUNCA SE DECEPCIONA DE TI; PARA EMPEZAR, DIOS NUNCA HA CREADO ILUSIONES SOBRE TI.

¿Recuerdas los versículos a mitad del Salmo 22? Ése es el salmo que comienza con: «Dios mío, Dios mío, ¿por qué me has abandonado?». Éste fue el grito de Jesús cuando Él, experimentando todas las mentiras y la oscuridad de la humanidad, se sumergió en las profundas sombras en las que proyectamos nuestro rostro alejado de Dios. Creemos que hemos sido abandonados y que no somos dignos de estar cara a cara delante de Dios, y en ese engaño Jesús nos encuentra. A mitad de ese salmo, que Jesús conocía de memoria, están estas palabras:

Pues Tú no desprecias ni pasas por alto el sufrimiento
de los afligidos,
ni te escondes de ellos,
y cuando te piden ayuda, Tú los escuchas.

Este Dios no nos abandona. Nunca tendremos el poder de hacer que Él se esconda de nosotros, porque Dios nos conoce enteramente y está siempre con nosotros. Tú nunca eres una decepción.

26

DIOS ME AMA POR MI POTENCIAL

Amo la música. La música tiene el poder de llegar a lugares dentro de mí que otras cosas no logran encontrar. ¿Cuántas veces, en tiempos difíciles de mi vida, ella se ha colado en mis guaridas mentales y en mis habilidades disociativas de supervivencia, para sorprenderme y tocar emociones que normalmente están resguardadas detrás de las puertas de acero de mi corazón? El año 1970 abrió para mí un nuevo mundo: *Tapestry*, de Carole King; *Saturate Before Using*, de Jackson Browne; *Sunwheel Dance*, de Bruce Cockburn (con canciones como «Fall», «He Came from the Mountain» y «Dialogue with the Devil»); *So Long Ago the Garden*, de Larry Norman; así como Dylan, los Moody Blues, los Beatles, Leonard Cohen y muchos otros.

La presencia de estos poetas y músicos también me ayudó a sobrellevar una gran pérdida: mi amor por el piano. Cuando era apenas un adolescente, había ya alcanzado el décimo grado de música clásica (un estándar establecido por el Royal

Conservartory of Music de Toronto), lo que en aquella época me habría permitido dar clases. Pero no pude leer; era como si tuviera un bloqueo mental. Podía memorizar 15 páginas de Tchaikovski sin problema, pero no podía tocar un himno leyendo una partitura.

Por dos años, mi maestro me inscribió en dos grandes festivales de música; el gran premio era una beca completa para escuelas como Julliard. Ambos años quedé en segundo lugar. Ambos años con la sonata *Claro de luna* de Beethoven. Durante una semana después de cada fracaso, vomité constantemente. Mi maestro tenía grandes planes para mí, veía un inmenso «potencial» en mí, y me presionó hacia la perfección necesaria para alcanzar la cima.

A fin de sobrevivir, renuncié. Una fría renuncia. Me alejé y rara vez he tocado el piano en los siguientes 46 años. La presión por las expectativas de los otros sobre mi potencial era demasiada —especialmente delante del repetido fracaso—. La vergüenza de renunciar no era un precio tan alto como el inevitable desastre que yo sentía que amenazaba mi horizonte. Para quienes, como yo, vivimos con vergüenza, cada cumplido es una nueva expectativa, una inevitable decepción que espera a la vuelta de la esquina, una nueva forma de fracasar. Mi maestro desapareció junto con mi potencial.

A lo largo de los años, he entrenado a nuestros seis hijos en alguna actividad atlética y ahora soy asistente de entrenador de uno de mis hijos, quien está a cargo del equipo de basquetbol de mi nieto de seis años. Es parecido a pastorear gatos salvajes, y al mismo tiempo delicioso..., casi todo el tiempo. Tristemente es muy común presenciar cómo los padres proyectan grandes expectativas en sus hijos, queriendo que desarrollen su «potencial» y den lo mejor de sí.

Los deportes ofrecen un escape para una autenticidad mayor que lo que hacen la mayoría de los servicios religiosos. En los deportes la gente se pone muy loca. Son apasionados, expresivos; cantan, bailan, sienten que pertenecen; trasgreden todas las formas sociales y las normas, y participan en formas que raramente verás en ambientes religiosos.

En los deportes hay una honestidad que emerge como en pocos escenarios. La emoción de la competencia y el gozo de la participación y la comunidad crean momentos casi mágicos; además, la complejidad y la calidad del propio juego generan un extraño abandono. Pero en los deportes también vemos que el lado más oscuro de la humanidad emerge a la superficie. La competencia de la vida fuera de la arena se expresa también dentro. El miedo al fracaso, la baja autoestima escondida debajo de la superficie de la civilidad, la necesidad de ganar: todo ello se evidencia en manifestaciones emocionales que fácilmente explotan después de una decisión injusta o de una amonestación.

Nuestro nieto es el sexto en la liga de niños de categoría de seis a ocho años. Ésta es su primera experiencia con el basquetbol y él se divierte como loco. Nació prematuramente, con tan sólo dos kilogramos y unos cuantos gramos; es por mucho el jugador más pequeño de nuestro equipo. Tenemos un jugador semicoordinado que puede driblar el balón a lo largo de toda la cancha, lo que es de ayuda, pero nuestro objetivo de la temporada es que los chicos tengan una experiencia tan fantástica que quieran jugar también el próximo año.

Incluso con jugadores tan jóvenes, algunos de los padres, especialmente los varones, tienen muchos conflictos. Oficialmente no llevamos un marcador en nuestra liga. Anotamos una canasta en nuestro primer partido y creo que dos en el segundo, ¡pero nos divertimos mucho! A pesar de ello, puedo ver la desesperación en los rostros de algunos papás, que se imaginan a su hijo como el próximo Michael Jordan. Tratan de alentarlos, pero terminan gritándoles, avergonzándolos y comunicándoles que el grado de aceptación está ligado con su desempeño, lo que depende de que logren alcanzar su máximo potencial. Tristemente, hay dos cosas en riesgo: el sentido de valor del padre y el sentido de saberse amado sin importar qué, por parte del hijo.

«Alcanzar tu potencial» es un objetivo movible. Nadie sabe qué significa eso para mí, ni puede ser definido por nadie. Es fácilmente una «falla». El potencial parece ser siempre determinado por alguien más, a pesar de ser el misterio que se alberga en la persona que eres «tú».

¿Me ama Dios por mi potencial? ¡No! ¿Amo a mis hijos por su potencial? ¡No! Si no soy «suficiente» ahora, ¿cuándo lo seré? ¿Cómo vamos a disfrutar a nuestros hijos en el presente si nos enfocamos en el futuro potencial que califique el valor de cada momento? ¿Cómo van a jugar nuestros hijos?

Algunas personas, inclusive yo, leíamos Proverbios 22:6 como un principio de disciplina: «Enseña a tu hijo de modo que vaya como debe ser, para que cuando sea vejo no abandone ese modo». Estábamos equivocados. En hebreo es realmente una invitación para los padres y cuidadores: «Enseña a tu hijo a su modo [es decir, al modo único del hijo]...». Cada niño tiene el suyo, porque cada niño es único.

> ¿CÓMO VAMOS A DISFRUTAR A NUESTROS HIJOS
> EN EL PRESENTE SI NOS ENFOCAMOS
> EN EL FUTURO POTENCIAL QUE CALIFIQUE
> EL VALOR DE CADA MOMENTO?

¿Quiero que mi hijo sea «todo lo que puede ser»? Desde luego, pero no tengo idea de cómo será eso o cómo lo expresará.

No hay una meta final para nosotros; no se alcanza el lugar del potencial éxito. Todos somos seres eternos completamente amados a lo largo del camino, a pesar de cómo sea éste; somos amados incesantemente en cada una de las partes del proceso de esta vida.

Sí, dedicaré mi fuerza y energía a aquello que tenga delante de mí, pero no para que me ayude a alcanzar mi potencial. No hay competencia de «potencial» cuando se trata de ser amados. Sin embargo, hay una celebración, una gozosa participación que me permite escuchar y expresar la constante presencia de la música que sólo ocasionalmente lograba encontrar su camino hacia mi corazón y mi alma.

27

EL PECADO NOS SEPARA DE DIOS

Frecuentemente hablo con personas cuyos corazones se han abierto gracias a *La cabaña*. A veces están listos para creer de nuevo, pero piensan que no pueden tener una relación con Dios debido a cierto comportamiento o porque se avergüenzan de su pasado. Se sienten sin esperanzas y separados. Lo irónico es que la sanación de su tristeza está siempre al alcance, porque sus acciones nunca han tenido el poder de separarlos de Dios.

Si nadie nos está diciendo que fallamos en vivir conforme a las expectativas de Dios, entonces somos nosotros quienes nos sermoneamos en ese sentido.

Comencemos con algo simple. Los errores son parte esencial del ser humano.

Nuestro nieto de ocho años, G, estaba conversando con su padre, nuestro hijo.

—Papá, ¿crees que Jesús alguna vez se equivocó?

—Bien, G, la gente inteligente tiene dos tipos de respuestas a esa pregunta. ¿Tú qué crees?

G reflexionó un poco.

—Creo que sí, porque si no, ¿cómo habría podido aprender algo?

G está aprendiendo que cometer errores no sólo está bien para los seres humanos, sino que es también esencial. Esperar la perfección es una negación de nuestra humanidad, como si cometer errores, ignorar algo u olvidar la respuesta correcta fueran sinónimos de pecar. ¿Realmente creemos que Jesús nunca se equivocó en Su tarea, o que nunca se le olvidó el nombre de alguien, o que como carpintero siempre tomó las medidas correctas? Jesús no tenía una reputación por ser el «mejor carpintero» en Nazaret, ni por hacer puertas perfectas y mesas impecablemente niveladas.

Jesús era totalmente humano. ¿Qué crees que significan las Escrituras cuando dicen: «Jesús creció en sabiduría y estatura ante los ojos de Dios y del hombre»? Jesús no siempre fue completamente sabio: Él creció en sabiduría. Los errores que cometemos en el proceso de aprendizaje se incorporan en la madurez de una persona.

Ahora sígueme aquí. En la humanidad de Jesús ciertamente había algunas cosas que Él no sabía. No sabía sobre *Star Wars*, sobre el gato de Schrödinger o sobre el principio de incertidumbre de Heisenberg. Cuando lloraba siendo un bebé o se machucaba un dedo o pronunciaba mal una palabra, lo hacía porque Él era humano. Pedía ayuda porque la necesitaba (como cuando les pidió a sus discípulos que le prepararan una barca para Él). Elegía constantemente confiar en Dios porque Él sabía que era un ser humano en relación con Dios; conocía la verdad de Su ser.

El orgullo es un pecado porque es la negación del ser humano. La humildad es siempre la celebración de la humanidad. *Por favor, perdóname. Cometí un error. Estaba equivocado. No escuché, ¿puedo hacer una pregunta? No sabía. Me doy cuenta de que te lastimé. Estoy aprendiendo. Estoy abierto a equivocarme.*

¿Qué hay sobre la rebelión activa, la traición y lastimar a otros y a nosotros mismos? ¿Es o no es pecado? ¿Qué tal si el pecado no es fundamentalmente sobre el comportamiento, sino algo más profundo? ¿Y si es tan profundo que la modificación del comportamiento o la conducta moralista no tienen nada que ver con lo que en realidad es? ¿Y si nuestro enfoque en el comportamiento es un intento para tratar los síntomas y nos distrae de atender la enfermedad real?

> SI LA ESENCIA DE LA NATURALEZA DE DIOS
> ES LA RELACIÓN, ENTONCES EL PECADO
> DEBE DEFINIRSE Y COMPRENDERSE
> COMO LA FALTA DE RELACIÓN, UNA DISTORSIÓN
> DE LA IMAGEN DE DIOS EN NOSOTROS.

La palabra griega frecuentemente traducida como «pecado» es *hamartia*. Un moralista te dirá que esa palabra significa «fallar en el blanco» y que el blanco es la «perfección moral» o el «comportamiento correcto»; volvemos de nuevo a la rueda del hámster. Pero, si la esencia de la naturaleza de Dios es la relación, entonces el pecado debe definirse y comprenderse como la falta de relación, una distorsión de la imagen de Dios en nosotros.

Hamartia está compuesta por dos partes: *ha-* (una alfa aspirada), que es una negación (como in-, dis-), y *-martia*, de la raíz griega *meros*, que significa «forma, origen o ser». El significado es «negación del origen o ser» o «informe». Sí se trata de «fallar en el blanco», pero el blanco no es el comportamiento moral perfecto; el «blanco» es la Verdad de tu ser.

Hay una verdad sobre quién eres tú: la proclamación de Dios sobre una «buena creación» es lo más verdadero sobre ti mismo. Esa buena creación es la forma y el origen de ti, la verdad de quién eres en tu ser. El pecado entonces es cualquier cosa que niegue, disminuya o represente falsamente la verdad de quien eres tú, sin importar qué tan bello o feo sea. El comportamiento se vuelve una forma auténtica de expresar la verdad de la bondad de tu creación o un esfuerzo para cubrir (conducta) la vergüenza de lo que tú crees sobre ti mismo (ser indigno).

¿Y cómo es la verdad de tu ser? Dios. Tú has sido hecho a imagen de Dios, y la verdad de tu ser se parece a Dios.

Tú eres paciente.

Tú eres amable.

Tú eres bueno.

Tú eres humilde.

Tú eres misericordioso.

Tú expresas la verdad.

Tú eres confiable.

Tú tienes integridad.

Tú eres caritativo.

Tú eres amoroso.

Tú no recuerdas las ofensas.

Tú deseas lo mejor.

Tú tratas a los demás de la forma en la que quieres que te traten.

Tú te enfureces ante toda forma de mal.

Tú eres puro de corazón.

Y seguimos. Todas éstas son expresiones de la verdad de nuestro ser. Difícil de creer, ¿cierto? Creo que ése es el punto. Y esto nos lleva a la separación. ¿El pecado nos separa de Dios?

La separación es un bloque fundamental de la religión. Una vez que aceptas la separación, estás a merced de cualquier bienintencionado o malintencionado que haya descubierto la fórmula «secreta» para pasar sobre la brecha de Dios. Una vez que la división y la separación se establecen como algo real, todos los sistemas religiosos, las instituciones y las jerarquías pueden construir un camino a la salvación o a la iluminación, y la gente pagará lágrimas, sudor, sangre y dinero para llegar al maldito lado de la salvación.

Nosotros, los cristianos, hemos defendido largamente una teología de la separación. Mucha de «mi gente» cree que la siguiente sentencia está en la Biblia, pero no es verdad: «Has pecado, y ahora estás separado de Dios».

Creemos que esto es cierto porque lo hemos creído toda nuestra vida. Una vez que crees una mentira, las implicaciones son devastadoras y las preguntas no tienen respuesta. ¿Cómo se separa uno? Si yo hago las cosas correctas, digo las cosas correctas, tengo suficiente fe, rezo las oraciones correctas, ¿van a transportarme por encima de la gran división y me harán parte de la gente «especial»?

Y se torna aún más confuso y complicado. ¿Cómo sabes si estás de un lado o del otro? ¿Es temporal? ¿Qué pasa con aquellos a quienes amo? ¿Qué pasa si la gente no sabe cómo separarse? Es fácil suponer que Jesús vino para mantenernos unidos, pero ni siquiera podemos ponernos de acuerdo en lo que eso significa y en cómo lo hizo o para quién.

Si la separación es una mentira, ¿significa que nadie se ha separado de Dios? Eso es exactamente lo que significa. Nada puede separarnos del amor de Dios (Romanos 8:38-39).

Jesús no vino a construir un puente que nos regrese a Dios o a ofrecernos la posibilidad de no separarnos. Uno de los multifacéticos propósitos de la encarnación de Jesús es que quienes estamos perdidos en la ilusión de la separación podamos ser testigos de una vida humana que sabe que Él no está separado.

No hay «nada» fuera de Dios. Hay sólo Dios, y la Creación es creada «en» Dios; de acuerdo con Juan 1, la Creación es específicamente creada «dentro» de Jesús, la Palabra que es Dios (véanse versículos 3-4).

Si Jesús es real e históricamente Dios llegó completamente a nuestra humanidad —permanente e intencionalmente—, entonces Jesús es Dios, cómodo en su propia piel. Él es Dios en medio de nuestra sangre, sudor, lágrimas, ceguera y ruina.

¿Realmente pensamos que somos tan poderosos, incluso en nuestras más horribles acciones y en la negación de nuestra humanidad, como para sacar a Dios? ¿Podemos ser tan miserables y pecadores al punto de hacernos abominables ante Dios? Algunos de nosotros sí lo creemos. Algunos ni siquiera podemos vernos en un espejo porque estamos avergonzados de nosotros mismos. Algunos nos cortamos y nos hacemos daño porque creemos que lo merecemos o porque al sangrar podemos sentir algo real.

Mientras tanto, Dios nos mira..., ¿desde la distancia?

¡No!

No hay separación.

28

Dios es Uno-solo

He escrito la mayor parte de mi vida, incluso desde niño. Escribía para sacar mi mundo interior. Escribía en un esfuerzo por comprender. Escribía para discernir los pensamientos de otros que habían impactado en mi vida. A lo largo de los años, las palabras fueron regalos que ofrecí a mi familia y amigos —poemas, pequeños cuentos y canciones—, a través de los cuales decía «te amo» y «eres importante para mí».

Como ya lo he dicho, escribí *La cabaña* a petición de mi esposa, Kim. Ella me pidió que pusiera todo lo que pensaba en un solo lugar, como un regalo para nuestros hijos.

Hasta que cumplí 50 años sentí que debía hacerlo. Cuando alcanzamos cierta distancia y somos capaces de mirar hacia atrás en nuestras vidas, vemos eventos significativos que frecuentemente confundimos por inconsciencia. Cuando escribí el libro había llegado finalmente a un lugar de satisfacción en mi vida. No tenía secretos. No tenía una imagen que cuidar, especialmente porque no tenía secretos. No tenía adicciones, y estaba cómodo dentro de mi propia piel por primera vez en mi vida. No estaba escribiendo para impresionar, para alcanzar éxito o para volverme todo aquello que yo debía ser. No creé una agenda ni tenía intención de que lo que escribía fuera «usado» por Dios. Escribí como un regalo para mis seis hijos. Quería decirles a ellos: «Déjame hablarte del Dios que realmente sanó mi corazón roto, no del dios con el que crecí en mi moderno fundamentalismo cristiano evangélico».

Redacté gran parte de la historia en el tren suburbano, en los 40 minutos entre cada uno de mis tres trabajos. Escribí a mano en hojas de papel amarillo. Inicié con preguntas y respuestas, escribí conversaciones entre Dios y yo sobre cualquier tema que pensara que podría ser interesante para mis hijos. No pasó mucho tiempo antes de que tuviera un montón de notas. Recuerdo haber pensado: «Podría llamar a esto *Conversaciones con Dios*»; apenas cruzó ese pensamiento por mi mente cuando vi a través de la ventanilla del tren una marquesina de una película llamada *Conversaciones con Dios*. Ok, está bien.

Pero comencé a pensar en la historia. ¿A quién no le gusta un buen relato? ¿Y qué mejor forma de envolver lo que esperaba comunicar? Cada ser humano es una historia, así que todos tenemos una afinidad natural con ellas. ¿Pero quién haría esas preguntas y por qué? Entonces nació Mackenzie Allen Phillips, un hombre que podría albergar mis dudas, mis miedos, mis preguntas y mi propio viaje hacia la plenitud.

Cuando me preguntan cómo pude escribir algo para mis hijos que se relaciona con la pérdida de un personaje como Missy, la hija de cinco años de Mack, que es secuestrada, contesto que una tragedia similar propone las mejores preguntas. Preferiría no tener que vivir en un mundo donde semejantes pérdidas terribles pueden ser perpetradas, pero no es así. Nuestra propia sobrina fue asesinada al día siguiente de su quinto cumpleaños. ¿Qué pasaría si algo así le ocurriera a un nieto? ¿Qué tal si yo no estuviera allí? ¿Qué me gustaría decirles a mis hijos delante de tal tragedia? Así surgió *La cabaña*.

Entonces, ¿cómo enfrenta uno la peor de las tragedias: la pérdida entre un padre y un hijo? Francamente, no puedo comprender cómo las familias que no tienen fe y esperanza pueden comenzar a caminar a través de tanta oscuridad. En tanto que la actividad del mal despierta un millón de preguntas, el Dios con el que yo crecí ofrece poco consuelo. De hecho, ese Dios era considerado el origen del mal, una deidad distante que tenía un plan que incluía la tortura de sus hijos. Uno no puede ir hacia Dios si Dios es el perpetrador.

Si has leído la novela, sabes que Mackenzie cree en el Dios que es uno-solo. Dios el Padre era una deidad distante, escondida y santa, una oscuridad en algún lugar detrás de Jesús, un personaje diferente de Jesús. Ese Dios normalmente estaba decepcionado, si no es que enojado; era incognoscible, inalcanzable y nos miraba desde una distancia infinita con un corazón lleno de desaprobación. Ese Dios era el que Mack fue a encontrar en la cabaña pero, cuando no se presentó, Mack se perdió, destruyendo todo el lugar con la furia del padre despojado y traicionado.

La razón por la que este Dios uno-solo no se presenta es porque no existe, excepto en nuestra mente ofuscada por el adoctrinamiento religioso y por nuestro propio dolor. Ese Dios no nos responde. En algunos escenarios pervertidos, Jesús viene a protegernos de la venganza de Dios o de la justa retribución. Ese Dios necesita ser aplacado, y los fallos se topan con la ira y el juicio.

Si alguna vez Dios hubiera estado solo, no existirían siquiera las bases en el universo para el amor ni un contexto para la relación. El amor se centra en el otro y se entrega, pero si no hay «otro» en el principio y Dios estaba solo, entonces Él no puede ser Amor. Misericordioso, tal vez, pero no Amor.

Por ello la Trinidad es importante para mí. Sí, yo creo en Un Dios, pero que está en relación con las Tres Personas, que han existido siempre en la gran danza del frente-a-frente-a-frente. Esta danza divina está llena de vida, luz, música, risas, gozo, maravilla, sumisión y bondad. La suya es una mutua interpenetración del Uno con el Otro, sin disminución o absorción de la Persona. Ésta es la gran celebración de la relación en la que toda la Creación ha sido formada. Éste es el Dios que es Amor: un Dios que no puede ser más que Amor.

Y, francamente, no necesito de un Dios que sepa cómo estar solo. Cuando estoy en medio de la devastación y la pérdida, necesito un Dios que sepa estar *con*.

Entonces, cuando Dios Padre irrumpe saliendo de la cabaña de Mackenzie, Dios el Padre no es Gandalf con una mala actitud, ni un padrino distante, sino Papá, con todo el fuego abrasador de su incesante afecto envuelto en la persona de una gran mujer negra. Y Ella no está sola. Con Ella hay otros Dos, y los Tres juntos son Uno.

> NO NECESITO DE UN DIOS QUE SEPA CÓMO ESTAR SOLO. CUANDO ESTOY EN MEDIO DE LA DEVASTACIÓN Y LA PÉRDIDA, NECESITO UN DIOS QUE SEPA ESTAR *CON*.

—Entonces —se esforzó en preguntar—, ¿cuál de ustedes es Dios?

—Yo —contestaron al unísono los tres.

CATENA

EL DRAMA DE DIOS DE LA REDENCIÓN

U na *catena*, en este caso, es una cadena de Escrituras (varias traducciones basadas en el Nuevo Testamento griego) concatenadas como comentario sobre el tema del trabajo de Dios de salvación —un gran arco del drama de la redención de Dios—. Cuando se lee en voz alta con un toque de gravedad, el momento es poderoso:

✠ *Toda* carne verá la salvación de Dios (Lucas 3:6 NASB, énfasis mío).*

✠ Este hombre vino como testigo, para que diera testimonio de la luz y para que *todos* creyeran por lo que él decía (Juan 1:7 Biblia Aramea en inglés/ NT griego, énfasis mío).

---

* New American Standard Bible. (N. del E.)

✛ Contemplen: éste es el Cordero de Dios, que quita el pecado del *mundo* (Juan 1:29 NASB, énfasis mío).

✛ Pues Dios amó tanto al mundo, que dio a su Hijo único, para que todo aquel que cree en él no muera, sino que tenga vida eterna. Porque Dios no envió a su Hijo al *mundo* para condenar al mundo, sino para salvarlo por medio de él (Juan 3:16-17 KJV/NIV, énfasis mío)."

✛ El Padre ama al Hijo, y le ha dado poder sobre *todas* las cosas (Juan 3:35 AKJV, énfasis mío)."*

✛ Ahora creemos, no solamente por lo que tú nos dijiste, sino también porque nosotros mismos lo hemos oído y sabemos que de veras es el Salvador del *mundo* (Juan 4:42, Biblia Cristiana Holman, énfasis mío).

✛ Porque el pan que Dios da es el que ha bajado del cielo y da vida al *mundo* (Juan 8:12 ESV, énfasis mío).""*

✛ Yo soy la luz del *mundo* (Juan 8:12 ESV, énfasis mío).

** KJV: King James Version. NIV: New International Version. (N. del E.)

*** AKJV: Authorized King James Version, Biblia del rey Jacobo. (N. del E.)

**** ESV: English Standard Version. (N. del E.)

✢ Y si yo soy levantado de la tierra, atraeré a *todos* a mí mismo (Juan 12:32 Biblia Literal Bereana/griego NT griego, énfasis mío).

✢ Jesús sabía que el Padre le había puesto *todas* las cosas en Sus manos (Juan 13, 3 NIV/ESV, énfasis mío).

✢ *Todos* los que el Padre me da vienen a mí; y a los que vienen a mí no los echaré fuera. [...] Y la voluntad del Padre que me ha enviado es que yo no pierda a ninguno de los que me ha dado, sino que los resucite en el día último (Juan 6:37, 39 ESV, énfasis mío).

✢ Pues Tú has dado a tu Hijo autoridad sobre todo hombre, para dar vida eterna a *todos* los que le diste (Juan 17:2 NIV, énfasis mío).

✢ Aunque por ahora Jesucristo debe permanecer en el cielo hasta que Dios ponga en orden *todas* las cosas (Hechos de los Apóstoles 3:21 NIV/NT griego, énfasis mío).

✢ Él nos ha hecho conocer el misterio de su voluntad. Él en su bondad se había propuesto realizar en Cristo este designio, e hizo que se cumpliera el término que había señalado. Y este designio consiste en que Dios ha querido unir bajo el mando de Cristo *todas* las cosas, tanto en el cielo como en la tierra (Efesios 1:9-10 AKJV, énfasis mío).

✢ Sometió *todas* las cosas bajo los pies de Cristo, y a Cristo mismo lo dio a la iglesia como cabeza de todo. Pues la iglesia es el cuerpo de Cristo, de quien ella recibe su plenitud, ya que Cristo es quien lleva *todas* las cosas a su plenitud (Efesios 1:22-23 ESV, énfasis mío).

✢ Pues por la gracia de Dios han recibido ustedes la salvación por medio de la fe. No es esto algo que ustedes mismos hayan conseguido, sino que es un don de Dios. No es el resultado de las propias acciones, de modo que nadie puede gloriarse de nada (Efesios 2:8-9 Biblia Aramea/NT griego).

✢ Él es la imagen visible de Dios, que es invisible; es su Hijo primogénito, anterior a todo lo creado. En él Dios creó *todo* lo que hay en el cielo y en la tierra, tanto lo visible como lo invisible, así como los seres espirituales que tienen dominio, autoridad y poder. *Todo* fue creado por medio de él y para él. Él existe antes que *todas* las cosas, y por él se mantiene todo en orden […] por medio de él Dios reconcilió a todo el universo, ordenándolo hacia él, tanto lo que está en la tierra como lo que está en el cielo, haciendo la paz mediante la sangre que Él derramó en la cruz (Colosenses 1:15-17, 20, Holman CSB/NT griego, énfasis mío).*****

✤ Y así, a través de la ofensa de un hombre, puso bajo condenación a *todos* los hombres, así también el acto justo de Jesucristo hace justos a *todos* los hombres para que tengan vida (Romanos 5:18 KJV/NT griego, énfasis mío).

✤ Estoy convencido de que nada podrá separarnos del amor de Dios: ni la muerte, ni la vida, ni los ángeles, ni los poderes y fuerzas espirituales, ni lo presente, ni lo futuro [...] ni lo más alto, ni lo más profundo, ni ninguna otra de las cosas creadas por Dios. ¡Nada podrá separarnos del amor que Dios nos ha mostrado en Cristo Jesús nuestro Señor! (Romanos 8:38-39 ESV).

✤ Porque *todas* las cosas vienen de Dios, y existen por él y para él (Romanos 11:36 NASV, énfasis mío).

✤ Porque Dios sujetó a *todos* por igual a la desobediencia, con el fin de tener compasión de *todos* por igual (Romanos 11:32 DBT/NT griego, énfasis mío).

***** CSB: Christian Standard Bible. (N. del E.)

✛ Porque muriendo *todos* en Adán, también en Cristo *todos* tendremos vida (Primera Carta a los Corintios 15:22 NIV, énfasis mío).

✛ Entonces vendrá el fin, cuando Él derrote a todos los señoríos, autoridades y poderes, y entregue el reino al Dios y Padre. Porque Él tiene que reinar hasta que todos sus enemigos estén puestos debajo de sus pies; y el último enemigo que será derrotado es la muerte. Porque Dios lo ha sometido *todo* bajo los pies de Él. Pero cuando dice que todo le ha quedado sometido, es claro que esto no incluye a Dios mismo, ya que es Él quien sometió *todas* las cosas. Y cuando *todo* haya quedado sometido a Cristo, entonces Cristo mismo, que es el Hijo, se someterá a Dios, que es quien sometió a Él todas las cosas. Así, Dios será *todo* en *todo* (Primera Carta a los Corintios 15: 24-28 NASB/CSB de Holman/ NT griego, énfasis mío).

✛ En Cristo, Dios estaba reconciliando consigo mismo al *cosmos*, sin tomar en cuenta los pecados de los hombres (Segunda Carta a los Corintios 5:19 NIV/NT griego, énfasis mío).

✛ Ante el nombre de Jesús, que *toda* rodilla se hinque en el cielo, en la tierra y debajo de la tierra, y todos reconozcan que Jesucristo es Señor, para gloria de Dios Padre (Filipenses 2: 10-11 NASB, énfasis mío).

✦ Él transformará nuestro cuerpo miserable para que sea como su propio cuerpo glorioso. Y lo hará por medio del poder que tiene para dominar *todas* las cosas (Filipenses 3:21 CSB de Holman, énfasis mío).

✦ Él quiere que *todos* se salven y lleguen a conocer la verdad (Primera Carta a Timoteo 2:4 ESV, énfasis mío).

✦ Por eso mismo trabajamos y luchamos, porque hemos puesto nuestra esperanza en el Dios viviente, que es el Salvador de *todos*, especialmente de los que creen (Primera Carta a Timoteo 4:10 CSB de Holman, énfasis mío).

✦ Pues Dios ha mostrado su bondad, al ofrecer la salvación a *toda* la humanidad (Tito 2:11 ESV, énfasis mío).

✦ Él nombró a su Hijo heredero de *todas* las cosas y a través de quien hizo el universo. En estos postreros días nos ha hablado por el Hijo, a quien constituyó heredero de *todas las cosas*, y por quien asimismo hizo el universo (Hebreos 1:1-2 ESV/NT griego, énfasis mío).

✢ No quiere que *nadie* muera, sino que *todos* se vuelvan a Dios (Segunda Epístola de Pedro 3:9 KJV/NT griego, énfasis mío).

✢ Él se ofreció en sacrificio para que nuestros pecados sean perdonados; y no sólo los nuestros, sino los de todo el mundo (Primera Epístola de Juan 2:2 Bereana, énfasis mío).

✢ Y oí también que *todas* las cosas creadas por Dios en el cielo, en la tierra, debajo de la tierra y en el mar, decían: ¡Al que está sentado en el trono y al Cordero, sean dados la alabanza, el honor, la gloria y el poder por todos los siglos! (Apocalipsis 5:13, CSB de Holman, énfasis mío).

✢ El que estaba sentado en el trono dijo: Yo hago nuevas *todas* las cosas (Apocalipsis 21: 5 AKJV, énfasis mío).

PALABRAS FINALES DE
DIETRICH BONHOEFFER

En el cuerpo de Jesucristo, Dios se ha unido con la humanidad; toda la humanidad es aceptada por Dios y el mundo se reconcilia con Dios. En el cuerpo de Jesucristo, Dios tomó el pecado de todo el mundo y lo asumió. No hay parte del mundo, sin importar qué tan perdida, sin importar qué tan impía, que no haya sido aceptada por Dios en Jesucristo y reconciliada con Dios.

Dios ama a los hombres. Dios ama al mundo. No a un hombre ideal, sino al hombre tal cual es; no a un mundo ideal, sino al mundo real. Lo más espantoso y horrible para nosotros a causa de su impiedad, aquello de lo que nos apartamos con dolor y hostilidad, el hombre real, el mundo real, es para Dios motivo de insondable amor; con él se une de la manera más íntima. Dios se hace hombre, hombre real. Mientras nosotros nos esforzamos por avanzar por encima de nuestro ser de hombres, por dejar al hombre tras nosotros, Dios se hace hombre y debemos saber que Él quiere que también nosotros seamos hombres reales. Mientras nosotros distinguimos entre piadosos e impíos, buenos y malos, nobles y corrientes, Dios ama sin distinción al hombre real. Él no tolera que dividamos el mundo y a la humanidad de acuerdo con nuestros criterios y nos erijamos en jueces de ellos. Él nos conduce *ad absurdum*, al hacerse él mismo hombre real y compañero de los pecadores, y al obligarnos con ello a convertirnos en jueces de Dios. Dios se pone del lado del hombre real y del mundo real contra todos sus detractores. Él se deja acusar junto con los hombres, con el mundo, y de este modo convierte a sus jueces en acusados.

DIETRICH BONHOEFFER,
Ética (Nueva York, Touchstone, 1995), pp. 66-68, 84-85.

AGRADECIMIENTOS

Primero quiero expresar mi gratitud a los teólogos a través de los siglos, especialmente a los padres y madres de la primera Iglesia. Al leer sus contribuciones directa e indirectamente, mi visión de Jesús se ha ampliado y profundizado. El libro que tienes entre tus manos está construido en la cristología, la pregunta sobre quién es Jesucristo. Ni uno solo de sus capítulos es ajeno a este tema. La mayoría de las «mentiras» que creemos sobre Dios surgen de una inadecuada y frecuente aprehensión patética de la persona de Jesús, porque creemos —tristemente muchas veces— en un Jesús pequeño, y por tanto nuestra visión de la humanidad es aún más pequeña.

Soy un hombre bendecido, arropado por amigos y familia que constantemente enriquecen mi vida y me recuerdan que todos somos una expresión significativa de la maravillosa y multifacética humanidad. Estoy rodeado por personas que me aman, pero no están deslumbradas. ¡Gracias!

Gracias especiales a Ami McConnell, Becy Nesbitt, y Philis Boultinghouse, quienes lucharon conmigo a través del proceso de edición. El hierro afila el hierro, si el ángulo es el correcto. También a Jonathan Merkh y al grupo de Atria y Howard Books, gracias por su apoyo constante y su cariño.

Gracias a ustedes, Wes Yoder y Dan Polk, dos amigos que trabajan hombro con hombro conmigo. Todo lo que creo tiene sus huellas digitales en alguna parte.

A Jeni y Jay Weston, gracias de nuevo por darme el espacio para trabajar y escribir por días. Y gracias a mi pequeño grupo de lectores —ustedes saben quiénes son—, que ve este material previamente; gracias a su retroalimentación resulta mejor.

Finalmente, gracias especialmente a ustedes, C. Baxter Kruger y John MacMurray, dos amigos con quienes cuento para ayudarme a pensar sobre el contenido de lo que escribo. Sus aportaciones han sido invaluables, especialmente al saber que me aman como a un hermano.